Johannes F. Brakel / Gerbert Grohmann

Moschus, Buntspecht und Delphine

Johannes F. Brakel / Gerbert Grohmann

Moschus, Buntspecht und Delphine

Wie Tiere leben

Mit Zeichnungen von Johannes F. Brakel

Verlag Freies Geistesleben

Herausgegeben von der Pädagogischen Forschungsstelle
beim Bund der Freien Waldorfschulen

ISBN 3-7725-2218-1

3. Auflage 2004
Verlag Freies Geistesleben
Landhausstraße 82, 70190 Stuttgart
Internet: www.geistesleben.com

Einbandgestaltung: Thomas Neuerer
Fotos: © Blickwinkel/F. Hecker (Vorderseite)
Johannes W. Brakel (Rückseite)
Gesamtherstellung: Clausen & Bosse, Leck

Inhalt

Die mit J.B. markierten Tierberichte sind neu von Johannes Brakel geschrieben worden. Die übrigen Tierberichte wurden von Gerbert Grohmann geschrieben und von Johannes Brakel überarbeitet.

Elefanten

Endlich hatten wir ihn gefunden! Seit Sonnenaufgang hatten wir die verdorrte Akaziensavanne abgesucht. Nun stand der große Graue dort im Papyrussumpf des Nils und schob ein Papyrusbüschel nach dem anderen gemächlich mit dem Rüssel in das Maul – ein Elefantenbulle, der in größerer Entfernung die Herde Elefantenkühe und Jungelefanten begleitete. Wir hielten an und beobachteten. Da er sich ruhig verhielt, stiegen wir vorsichtig aus dem VW-Bus, schraubten die Teleobjektive auf die Kameras und näherten uns langsam dem alten Bullen. Die Autotüren ließen wir weit offen und den Zündschlüssel stecken, um im Notfall schnell davonfahren zu können. Nachdem er ein Papyrusbüschel nach dem anderen gemächlich in sich hineingemampft hatte, interessierten den Elefanten nun doch die kleinen Menschen und die große weiße Kiste – unser Bus –, und noch immer kauend kam er langsam näher. Wir flitzten zurück ins Auto und berieten, ob wir bleiben oder wegfahren sollten. Der Alte stellte die Ohren nicht auf und warf keinen Sand mit dem Rüssel, war also noch nicht auf einen Angriff eingestellt. Aber er kam näher und näher. Bleiben oder abfahren? Schließlich war er so nahe, dass es zu gefährlich gewesen wäre, den lauten Automotor anzulassen. Wahrscheinlich hätte der Elefant einen Schreck bekommen – und was dann?

Jetzt stand er neben dem Bus und tastete mit dem Rüssel vorsichtig Windschutzscheibe und Außenspiegel ab. Würde er den Spiegel abreißen? Sein Rüssel tastete an den Seitenfenstern entlang, kam an das Moskitogitter, das anstelle des Fensters eingesetzt war, um frische Luft hereinzulassen. Ein leichter Druck mit dem Rüssel, das Moskitogitter sprang zerbrochen aus dem Rahmen und – der Rüssel tastete im Innenraum. Ein Entsetzensschrei! Kreidebleich sprang der neben dem Fenster Sitzende quer durch den Bus. Er glaubte, sein letztes

Stündlein habe geschlagen. Wir versuchten ihn zu beruhigen. Der Elefant drehte ein wenig ab. Dann tastete der Alte das Heck des Wagens ab und versuchte mit den Stoßzähnen die Heckklappe zu öffnen, schließlich begann er sich genüsslich an der Regenrinne am Dach zu scheuern. Der Bus schwankte und schaukelte. Damit wir nicht mitsamt dem Bus umgeworfen würden, ließen wir jetzt schnell den Motor an. Erschrocken durch das laute Knattern trat der Elefant einen Schritt zurück, und wir fuhren so schnell wie möglich davon.

Diese erste Begegnung mit einem Afrikanischen Elefanten zeigt, dass Elefanten eigentlich sehr friedliche Tiere sind. Sie können aber auch ganz plötzlich gefährlich werden, wenn man sie ärgert. Hätte sich der Elefant seinen Rüssel an dem heißen Auspuff verbrannt, wäre er wahrscheinlich sehr wütend geworden. Und ein wütender Elefant ist lebensgefährlich! Blitzschnell rammt er seine langen Stoßzähne durch das Blech des Autos oder kippt es einfach um und zertrampelt es.

Wer Elefanten kennt, sieht ihnen am Gesicht ihre Laune an. Und wer sie nicht kennt, sollte besser einen großen Abstand zu ihnen halten.

Der Elefant, dem wir hier begegnet waren, war ein alter Bulle, der alleine durch die Savanne streift und seine Herde nur einmal im Jahr aufsucht. Dennoch bleibt er immer in ihrer Nähe, auch wenn seine Herde viele Kilometer weit wegzieht. Elefanten wandern ja sehr weit, wenn sie auf der Suche nach einer besonders leckeren Nahrung sind.

Wie aber weiß der alte Elefant, wo seine Herde ist, wenn diese schon viele Kilometer weitergezogen ist und das Akaziendickicht so dicht und unübersichtlich ist, dass man nur wenige Meter weit schauen kann? Trompeten sie sich zu? Manchmal vielleicht, aber meist ziehen sie still und für uns Menschen unhörbar dahin, sodass wir sie nur zufällig finden.

Diese Frage konnten die Wissenschaftler lange nicht beantworten, und erst vor kurzem hat eine Amerikanerin die Antwort gefunden: Ihr war aufgefallen, dass es im Magen der Elefanten immer dumpf rumpelt und kollert, wie bei uns, wenn uns der Magen knurrt, aber eben eigentlich immer. Als sie diese Geräusche mit einem sehr guten Tonband aufnahm, stellte sie fest, dass Töne dabei waren, die für uns Menschen gar nicht zu hören sind, so tief sind sie, tiefer als das tiefste Brummen. Elefanten aber können diese äußerst tiefen Töne mit ihren sehr guten Ohren hören. Sie wissen also immer, was im Magen und Gedärm der anderen geschieht. Nun sind diese Töne so tief, dass die Erde selber sie weiterleitet, so wie das dumpfe Grollen eines Erdbebens. Auf diese Weise verbreitet sich das Magenrumpeln eines einzelnen Elefanten. Bis zu zehn Kilometer weit kann es ein anderer hören. Ist das nicht unglaublich? Der Elefant sieht mit seiner grauen faltigen Haut nicht nur aus wie ein Felsblock, er ist wirklich ganz und gar ein Tier, das zur Erde gehört!

Natürlich braucht er sehr feine Ohren dafür. Und die großen Elefantenohren sind besonders beim Afrikanischen Elefanten riesig groß, beim Indischen Elefanten etwas kleiner. Daran kann man die beiden leicht unterscheiden. Die Ohren sind aber nicht nur zum Hören da. Sie drücken auch aus, in welcher Stimmung der Elefant ist – wie wir ja schon wissen. Das ist in der Elefantenherde ganz wichtig. Außerdem sind die Ohren so dünn und gut durchblutet, dass die Elefanten sich mit ihnen kühlen können, wenn es ihnen zu heiß ist. Denn schwitzen können sie nicht. Und wie ein Hund mit seiner Zunge hechelt, so fächeln und wedeln die Elefanten dann mit ihren Ohren. Wenn es ganz kleinen Elefanten zu heiß wird und sie keinen Schatten weit und breit finden, so stellen sie sich auch einfach unter den Bauch ihrer Mutter. Da ist genug Platz und Schatten!

Natürlich können Elefanten nicht nur mit dem Bauch reden, sondern haben auch eine normale Stimme, die sie mit ihrem Rüssel zu gewaltigen Trompetenstößen verstärken können. Aber auch die riesigen, luftgefüllten Stirnhöhlen, die den Großteil ihres Schädels einnehmen, verstärken ihre Stimme, wie bei uns Menschen auch.

Ein Elefant gehört immer zu einer Herde, auch wenn er, wie unser alter Bulle, alleine mit Abstand zu der Herde zieht. In der Herde selbst leben die Mütter, Großmütter, die Halbwüchsigen und die ganz kleinen Kälber. Erst wenn die Elefantenjungs mit 20 bis 25 Jahren erwachsen werden, werden sie aus der Herde vertrieben und wandern alleine oder in «Männertrupps» umher.

Die Herden können groß sein, oft über 50, selten auch über 100 Tiere, die aber nicht immer gemeinsam ziehen. Vielmehr wandert jede Großfamilie von etwa 10 bis 15 Elefanten für sich und trifft die anderen Familien der Sippe nur hin und wieder. Die erfahrenste Elefantenkuh führt die Familie. Sie kennt die Wasserstellen und die leckersten Bäume, Sträucher und Salzstellen vielleicht schon 50 Jahre lang oder länger. Elefanten können ja über 70 Jahre alt werden.

Das Gebiet, durch das sie die Familie führt, kann sehr unterschiedlich groß sein. Dort, wo die Elefanten in dichter Savanne oder lockerem Wald leben, halten sie sich in guten Zeiten in einem kleinen Gebiet von etwa 50 Quadratkilometern auf. Sie verlassen es nur in Trockenzeiten, in denen sie zu wenig zu fressen finden. Elefanten in lockeren Trockensavannen bewohnen oft Gebiete von 300 Quadratkilometern, die Wüstenelefanten Namibias sogar noch größere Gebiete. Dort müssen die Elefanten sehr weite Strecken ziehen, um genügend Nahrung zu finden.

Normalerweise wandern Elefanten auf Wechseln, die sie gut kennen: ausgetretenen schmalen Pfaden, auf denen sie hintereinander wie im Gänsemarsch laufen. In einer Stunde kommen sie 6 Kilometer weit, sind also schneller als ein Mensch, und können am Tag bis zu 80 Kilometer weit ziehen. Das tun sie aber nur in großer Not, etwa auf der Flucht, oder wenn die Wasserlöcher in der Trockenzeit versiegen. Dabei können sie selbst 3000 Meter hohe Berge oder über zwei Meter hohe Stufen überklettern.

Ein Elefant, der angreift, ist dagegen sehr schnell, bis zu 60 km/h kann er dann galoppieren. Meist aber wandern die Elefanten in Ruhe und viel kürzere Strecken und fressen und rasten lange an einer Stelle. Sie sind dabei trotz ihres massigen Gewichts sehr vorsichtig und meist nicht zu hören. Ihre Fußsohlen sind mit einem dicken Polster versehen, vor allem unter der Ferse, sodass sie ganz weich wie in einem Sportschuh mit superweicher Gelsohle dahintrotten.

Elefanten ziehen oft weite Strecken, wenn sie wissen, dass irgendwo eine ihrer Lieblingsspeisen reif wird. Dass sie ganze Papyrusstauden und andere Wasserpflanzen in sich hineinstopfen, haben wir am Anfang schon gehört. Sie reißen aber auch gerne ganze Palmwedel herunter trotz der dornigen und spitzen Ränder. Oder sie graben Grasbüschel aus, die sie dann, um an die Wurzeln zu gelangen, erst von Erde und Sand befreien müssen, indem sie das Grasbüschel gegen ihr Bein reiben oder mit Rüssel und Stoßzähnen zusammenquetschen und kräftig schütteln. Eine besondere Delikatesse sind die riesigen Früchte der Leberwurstbäume, die so heißen, weil diese Früchte tatsächlich wie lange Würste aussehen. Allerdings sind sie manchmal schon vergoren, und dann torkeln die Elefanten, wenn sie weiterziehen, wie Betrunkene und trompeten lautstark.

Eine Elefantenfamilie im Manyara-Nationalpark hatte einmal eine besondere Vorliebe für die Rinde der Fieberakazienbäume entdeckt. Leider starben die Akazien, wenn die Elefanten die ganze Rinde in langen Streifen abrissen, sodass es laut und peitschenartig knallte. Normalerweise macht das in dem großen Elefantengebiet nichts aus, da andere Akazien überall nachwachsen. Hier aber war das Gebiet nur klein, und außerdem hatten auch die Löwen eine Vorliebe für diese Akazien, weil sie darauf gerne, vor den Mücken geschützt, ihren Mittagsschlaf hielten. So wussten die Nationalparkranger nicht so recht, ob sie die Elefanten von den Akazien vertreiben sollten, um den Löwen zu helfen, oder ob sie ihnen ihre Vorliebe lassen sollten.

Ob Rinde, Früchte, Papyrus oder Äste – alles pflückt der Elefant mit dem Rüssel: winzig kleine Kerne oder dicke Baumstämme kann er damit vorsichtig oder kraftvoll bewegen. Größere Stämme lädt er auf seine Stoßzähne und hält sie dann mit dem Rüssel fest. Auch das Wasser saugt der Elefant mit dem Rüssel, seiner verlängerten Nase und Oberlippe, auf. Aber er trinkt es nicht damit, sondern spritzt es sich in den Mund, um es dann erst zu trinken. Oder er prustet es sich als Dusche über den Rücken, denn er liebt es sehr zu duschen oder auch im Fluss zu baden. Nach dem Bad prustet er sich Staub oder auch Schlamm über den nassen Rücken. So ist er vor der heißen Sonne geschützt. Und wenn der Schlamm trocknet und in großen

Platten abfällt, gehen auch die lästigen Zecken mit ab. Denn als einziges Landsäugetier hat er ja kein Fell. Man nennt ihn zwar einen Dickhäuter, aber in Wirklichkeit ist seine Haut dünn und empfindlich, auch wenn sie faltig ist und ihm locker um die Beine schlackert wie eine zu große Pyjama- oder Hip-Hop-Hose.

Um ihre Haut zu pflegen, haben die Elefanten oft Vögel bei sich, mit denen sie in Freundschaft leben, kleine, strahlend weiße Kuhreiher, die gerne auf ihrem Rücken reiten und Insekten fangen, oder kleine Madenhacker mit gelb-rotem Schnabel, die wie Spechte die Zecken von der Haut abpicken. «Man kann sich keinen hübscheren Anblick denken als den gewaltigen, ruhig dahinschreitenden Riesen, auf welchem ein ganzes Dutzend der anmutigen, blendend weißen Vögel sitzt oder umherwandelt, der eine ruhend, der andere sich putzend, der dritte alle Falten der Haut untersuchend und hier und dort jagend, ein Insekt oder einen Egel, welchen sich der Dickhäuter im nächtlichen Busch geholt, aufnehmend.» So schildert der Tierforscher Brehm die Freundschaft der Elefanten mit den Kuhreihern.

Kleine Elefanten haben noch einen ganz kurzen Rüssel, so kurz, dass er nicht bis auf den Boden oder in das Wasser reicht. Sie müssen ganz ins Wasser hineingehen, um mit ihrem Mund zu trinken. Ihren Rüssel halten sie dabei wie einen Schnorchel hoch, sodass sie gleichzeitig atmen und trinken können. Das ist aber nicht ungefährlich, denn oft ist das Ufer der Wasserstelle schlammig und manchmal versinkt der kleine Elefant im Schlamm und kommt nicht mehr heraus. Dann quiekt er ganz jämmerlich, bis die Großen ihn mit Rüsseln und Stoßzähnen wieder herausgezogen haben.

Wenn sich Elefanten begrüßen, «umarmen» sie sich mit dem Rüssel. Und wenn kleine Elefanten müde sind, stecken sie den Rüssel in den Mund und nuckeln daran.

Wenn die kleinen Wasserläufe und Flüsse in der Trockenzeit versiegen, graben die Elefanten mit ihren Stoßzähnen im trockenen Flussbett bis einen Meter tiefe Löcher, um an das Grundwasser heranzukommen. Dann knien sie am Rand der Löcher und saugen das Wasser hoch.

Die Stoßzähne sind eigentlich die beiden verlängerten oberen Schneidezähne, die aber immer weiter wachsen und so immer länger werden, je älter der Elefant wird. Es hat schon Elefanten mit über zwei Meter langen Stoßzähnen gegeben. Natürlich haben Elefanten auch noch andere Zähne, mit denen sie die Blätter und Zweige zerkauen können. Wie alles am Elefanten sind auch diese riesengroß: die Kaufläche eines einzigen Zahns ist größer als eine Männerhandfläche. Dafür haben sie auch nur vier solcher Zähne. Wenn diese vom vielen Kauen abgenutzt sind, fallen sie einfach aus und die nächsten Zähne rücken nach. Und das passiert nicht nur einmal, sondern bis zu sechs Mal. Immer wenn ich beim Zahnarzt bin, denke ich, wie angenehm es doch die Elefanten haben!

Die Stoßzähne sind allerdings auch die größte Bedrohung für den Elefanten! Denn um das feine, harte und weiße Elfenbein zu bekommen, wurden unzählbar viele Elefanten vergiftet, in Fallen gefangen oder erschossen. Weil man Klaviertasten, Billardkugeln und Schmuck daraus schnitzte, brachten geldgierige, bewaffnete Wilderer so viele Elefanten um, dass man befürchten musste, sie würden ganz aussterben. Aber viele Elefantenliebhaber haben ihr ganzes Leben lang dafür gekämpft, dass der Handel mit Elfenbein verboten wird. Und das ist 1989 geschehen, sodass die Elefanten jetzt gut geschützt in Reservaten und Nationalparks leben können.

Wenn Elefanten einen toten Elefanten oder dessen Knochen finden, sind sie ganz verstört. Sie versuchen, den Toten wegzutragen, was ihnen nur gelingt, wenn es ein kleines Kalb ist. Knochen oder Stoßzähne tragen sie oft weit weg. Oder sie bedecken den Toten mit Erde oder Zweigen wie bei einem Grab.

Ja, in vielem sind uns die Elefanten sehr ähnlich. Sogar die menschliche Hautfarbe haben Elefantenbabys am Kopf und hinter den Ohren, Indische Elefanten behalten sie dort sogar ihr ganzes Leben lang.

Elefanten aber, die mit ansehen müssen, wie einer der ihren erschossen wird, stürmen sofort mit aller Kraft auf den Jäger zu. Sie werden oft zu gefährlichen Menschenhassern, die Menschen, wo immer sie sie sehen, angreifen – und wer wollte es ihnen verdenken?

Auch Zooelefanten erinnern sich an böse Streiche von Zoobesuchern, und selbst, wenn sie so jemanden erst viele Jahre später wieder sehen, greifen sie ihn an oder prusten ihm wenigstens Wasser ins Gesicht. So gut ist ihr Gedächtnis!

Wenn Mensch und Elefant sich aber mögen, so entsteht eine wirklich dicke Freundschaft, die ein Leben lang hält. Seit 4000 Jahren lassen wilde Elefanten Götter, Könige oder Fürsten auf sich reiten. Später halfen sie auch bei der Arbeit im Walde, angeleitet von einem Mahoud, dem Elefantenführer, der ihnen auf dem kräftigen Nacken sitzt. Heute ersetzen oft Maschinen diese Arbeiten. Wäre es nicht schön, wenn diese so menschlichen Tiere auch weiterhin dem Menschen bei seiner Arbeit helfen würden?

Kraniche

«Ein Vogel, so groß wie ein Mensch!», rief der später berühmte schwedische Vogelforscher Bengt Berg aus, als er zum ersten Male Kraniche sah. Er war noch ein kleiner Junge von vielleicht zehn Jahren, als er eines Tages die seltsamen, trompetenartigen und heiser, aber volltönenden Stimmen von ganz nahem rufen hörte. Ganz allein, nur vom Jagdhund begleitet, schlich er sich aus dem Haus. So laut riefen die Stimmen, dass sie gleich von der benachbarten Wiese hertönen mussten! Dort war aber nichts zu sehen. So sprang der Junge über den Graben am Wiesenrand und lief in den Fichtenwald hinein. Auch dort waren sie nicht, und er kletterte über Baumstämme und kroch durch Farngesträuch immer den aufregenden Stimmen nach. Brombeerranken zerkratzten ihn, aber das machte ihm nichts.

Er war sicher zwei Kilometer gelaufen, als er an eine Waldlichtung kam. Und dort standen sie: Kraniche, so groß wie ein Mensch – jedenfalls so groß wie der Junge Bengt Berg – hoch aufgerichtet, mit langem geradem Hals, elegant hellgrau am Bauch, dunkler grau das Gefieder. Die Schwanzfedern waren lustig und imposant gekräuselt und wippten mit jedem Schritt. Er wusste damals noch nicht, dass dies eigentlich nicht die Schwanzfedern waren, vielmehr besondere Schmuckfedern der Flügel, die nur nach hinten gerichtet waren, sondern er staunte nur. Die Kranichköpfe waren schwarz und weiß gefärbt, aber an jedem Scheitel leuchtete eine große Stelle blutrot hervor, besonders, wenn die Kraniche laut riefen. Dazu legten sie den Kopf nach hinten, fast bis auf den Rücken, sodass der Hals einen großen Bogen machte und der lange Schnabel nach oben wies. Unglaublich kraftvoll waren ihre schmetternden Rufe!

Spät am Tag kam er nach Hause zurück, wo ihn erst einmal ein

Donnerwetter erwartete, denn in dem Wald konnte man sich leicht verlaufen. Aber stolz waren sie doch auf den tapferen Jungen! Und der wusste nun, dass er später einmal die Kraniche erforschen wollte, wo und wie sie brüteten und wohin sie zogen, wenn sie im Herbst über das Haus flogen. Und er sollte es später wirklich herausfinden!

Kraniche am Nest zu beobachten ist besonders schwierig, weil sie nur an ganz verborgenen Stellen, in Sümpfen und an Waldseeufern brüten und weil sie ganz scheu und heimlich sind und ihr Nest aufgeben, wenn sie merken, dass ein Mensch ihnen zu nahe kommt.

Weil Bengt Berg aber wusste, dass sie jedes Jahr an dasselbe Nest zurückkehren, grub er als erwachsener Vogelforscher in der Nähe eines Nestes, das er eines Tages gefunden hatte, eine Grube in den nassen Moorboden, natürlich im Herbst, als die Kraniche nicht da waren. Als sie dann im nächsten April kamen – in Schweden, wo der Frühling erst spät einzieht, erscheinen sie erst im April, bei uns oft schon im Februar –, da saß er in seiner Grube mit einem Dach über sich hinter einem schmalen Sehschlitz und konnte das Nest beobachten und fotografieren.

Zwei Eier legt das Weibchen in das flache, aber fast meterbreite Nest. Erst sind diese olivbraun mit dunkelbraunen Tupfen; später werden sie heller und glänzender. Dreißig Tage lang wechseln sich Männchen und Weibchen mit dem Brüten ab. Dazu lassen sie sich vorsichtig auf dem Nest nieder, sträuben die Brustfedern zur Seite und legen sie um die Eier herum, sodass diese nur an dem Brustfleck liegen, einer federlosen, besonders warmen Stelle des Körpers. Jede Stunde werden die Eier gedreht, damit sie überall gleich warm werden.

Nach dreißig Tagen beginnt es in den Eiern zu piepsen und zu rufen. Und der Muttervogel antwortet mit leisem Knurren. So lernen die Küken schon vor dem Schlüpfen die Stimmen ihrer Eltern kennen. Dann beginnen sie mit einer harten Stelle auf ihrer Schnabelspitze, dem so genannten Eizahn, von innen an der Eierschale zu kratzen. Dabei drehen sie sich in dem engen Ei hin und her und strecken sich dabei kräftig. Nach mehreren Stunden Arbeit bricht schließlich das Ei

an einer Stelle auf, und die Eltern helfen mit ihren Schnäbeln die Schale zu entfernen.

Die frisch geschlüpften Küken sind noch nass und verklebt und werden erst einmal im Brustgefieder gewärmt und getrocknet. Dadurch richten sich ihre Flaumfedern wie weichster Plüsch auf, und man glaubt gar nicht, dass der kleine Kranich, der immer noch bequem auf einer Hand sitzen kann, in das winzige Ei gepasst hat.

Erst sind die kleinen Küken erschöpft von dem anstrengenden Schlüpfen, aber bald werden sie neugierig, beknabbern das Nest und die Federn der Eltern, beginnen mit ihren großen Füßen zu laufen und wollen am liebsten sofort die Welt außerhalb des Nestes erkunden. Schon am nächsten Tag macht die Kranichfamilie gemeinsam den ersten Ausflug. Die Küken lernen zu trinken und die ersten Würmer zu finden und zu fressen. Sie werden aber auch noch von den Eltern gefüttert.

Oft stolpern die Kleinen noch über Stängel und Grashalme, bald aber laufen sie sehr geschickt. Verlieren sie die Eltern aus den Augen, so fiepen sie angstvoll, und sobald einer antwortet, rennen sie mit aller Kraft dorthin und schlagen dabei mit ihren noch winzigen Flügelstummeln, als könnten sie gleich losfliegen.

So lernen sie, was schmeckt und wie sie es fangen können – erst Würmer und Insekten, später auch einmal einen Frosch oder eine Maus, als Erwachsene aber fast nur noch Samen und Früchte.

Bis zum Herbst sind sie fast so groß wie ihre Eltern geworden und sie müssen jetzt fliegen lernen. Oft treffen sie andere Jungvögel, mit denen sie umherziehen. Im September aber finden sich die schwedischen Kraniche auf großen Sammelplätzen zusammen und fliegen gemeinsam nach Süden. Sie fliegen dabei nicht irgendwie, sondern in V-förmigen oder keilförmigen Ketten, immer einer schräg hinter dem anderen. So fliegt es sich für die hinteren am einfachsten. Für den vordersten ist es am anstrengendsten, weshalb sich an dieser Stelle immer nur die kräftigsten Kraniche abwechseln. Fünfzig bis über zweihundert Kraniche fliegen so zusammen, sie legen meist fünfzig Kilometer in der Stunde zurück, je nach Wind. Natürlich fliegen sie nicht den ganzen Tag lang, denn sie müssen ja auch noch etwas zu fressen finden. Die Erfahrensten kennen die Rastplätze, wo es genug zu fressen gibt: abgeerntete Kartoffelfelder, auf denen noch Reste von Kartoffeln liegen, oder Mais- oder Sonnenblumenfelder, auf denen sie gemeinsam die Körner aus der Erde picken.

Abends suchen sie dann einen flachen See, in dessen Wasser sie alle zusammen landen. Es ist ein wunderbares Schauspiel, wie vor dem goldenen Abendhimmel ein Kranichschwarm nach dem anderen heranschwebt und viele aufgeregte Stimmen rufen, bis schließlich alle im Wasser stehen! Tausende von Kranichen können das sein! Dann ziehen sie ein Bein in das Gefieder und legen den Kopf unter die Flügel, aber nur so weit, dass die Augen noch herausschauen können. Wenn ihr scharfes Gehör in der Nacht etwas plätschern hört, öffnen sie ihre Augen sofort, um zu sehen, ob etwa ein Fuchs durch das Wasser schwimmt. Dann vertreiben sie ihn mit scharfen Schnabelhieben oder sie fliegen mit einem Schlag alle davon – und der Fuchs hat das Nachsehen!

Wenn sie über ganz Schweden nach Süden geflogen sind, liegt die Ostsee vor ihnen. Diese zu überfliegen ist gefährlich und anstrengend. Manchmal müssen sie ein paar Tage warten, bis sich ein Sturm gelegt hat und sie bei gutem Wetter starten können. Die alten Kraniche kennen die Stellen, wo die Ostsee am schmalsten ist, etwa bei Falsterbo oder bei Göteborg. Von dort fliegen sie nach Dänemark oder nach Rügen. Nach dem anstrengenden Flug, bei dem sie ja keine Pause machen können, bleiben sie mehrere Tage auf den kleineren Inseln von Rügen, um sich für den weiteren Flug satt zu fressen.

Dann trennen sich ihre Wege. Der eine Teil der Vögel fliegt über Norddeutschland und Frankreich nach Spanien, wo sie den Winter über bleiben, der andere Teil nimmt die Route über Ungarn, Griechenland und Israel bis zum Nil, nach Ägypten und nilaufwärts, bis in den Sudan. In Spanien leben sie als großer Trupp von 15 000 bis 30 000 Kranichen vor allem auf abgeernteten Getreidefeldern, aber auch in Korkeichenwäldern und Olivenhainen, wo sie Eicheln und Oliven fressen.

Die Jungvögel bleiben auch im Winterquartier immer bei ihren Eltern, sodass sie die Flugroute gut lernen und vielleicht schon im nächsten oder übernächsten Jahr selber die Führung vorne im Trupp übernehmen können.

Auf dem Rückweg im Februar fliegen sie zunächst dieselbe Route. Dabei müssen sie sich Berge, Flüsse und Inseln gut gemerkt haben, denn nur anhand dieser finden sie wieder in ihr Brutgebiet zurück.

Eine Besonderheit gibt es aber auf dem Rückweg: *Alle* Kraniche, die in Schweden brüten, treffen sich, wenn sie über die Ostsee geflogen sind, an *einem* einzigen See. Das ist der Hornborgasjö oder Hornborgasee, nicht weit von Göteborg entfernt.

Um den 10. April herum kann man hier 6 000 Kraniche sehen. Und täglich kommen neue dazu und andere fliegen schon weiter. Wenn man zu dieser Zeit, frühmorgens im Dunkeln – es ist dann noch eisig kalt – an den See kommt, kann man vor dem noch dunkelblauen Himmel sehen, wie die ersten Trupps von ihren Schlafplätzen im flachen Wasser herübergeflogen kommen. Laut rufend und trompetend landen sie an *einer* Stelle am Seeufer. Und wenn sie dann alle versammelt sind und die aufgehende Sonne golden über das Ufer und die Kraniche scheint, dann geschieht etwas Unglaubliches:

Die Kraniche beginnen zu tanzen, ja wirklich zu tanzen! Sie springen mit beiden Beinen hoch in die Luft, mehrere Meter hoch, schlagen mit den Flügeln und drehen sich dabei, halb springend und halb fliegend um sich selbst. Sie nehmen Zweige und Stöckchen mit dem Schnabel vom Boden auf und werfen diese beim Tanz in die Luft. Die Schmuckfedern wippen und hüpfen, der rote Scheitel leuchtet hellrot und die Luft klingt laut von dem heiseren Trompeten. Oft tanzen zwei Kraniche miteinander und tanzen dabei umeinander, die Flügel anmutig erhoben. Aber eigentlich tanzt so im Morgensonnenschein der ganze Hügel voll grauer, aber vergoldeter Kraniche! Es ist ein unglaublich schöner Anblick!

Was ist das für ein Vogel – nicht nur so groß wie ein Mensch, auch tanzend wie dieser!

Über das Kamel

Die einhöckrigen Kamele, die Dromedare, und die zweihöckrigen Kamele, die Trampeltiere, sind beide mit den Rindern nahe verwandt, denn alle sind Wiederkäuer. Und alle drei nimmt man gerne, um damit einen Menschen, der sich besonders dumm oder uneinsichtig benimmt, zu beschimpfen, etwa «du blöde Kuh» oder «du dummes Kamel».

Das mag ja für manchen Menschen nicht einmal ganz unpassend sein, für die Tiere ist es aber bestimmt nicht recht, sie als dumm zu bezeichnen.

So ist die Kuh in vieler Hinsicht viel vollkommener als ein noch so kluger Mensch. Die Kuh kann besonders vortrefflich Gras und Grünfutter verdauen und Milch in sich werden lassen. In ihren verschiedenen Mägen erschließt sie das Futter und wandelt es um. Weiß doch jeder, welch komplizierten Bauch sie hat! Mit ihm ist sie fast den ganzen Tag beschäftigt. Acht Stunden allein muss sie täglich fressen. Dann legt sie sich hin, um wiederzukäuen, denn das ist ihre Hauptarbeit. Nein, sie sind wirklich fleißig, die guten Kühe, und lassen sich bei ihrer Arbeit gar nicht gerne stören.

Beim Kamel sieht man schon von ferne, dass es keinen so gewaltig großen Wanst hat. Doch es hat auch einen Magen weniger, es fehlt ihm der Blättermagen. Dafür stecken alle seine Vorzüge in den langen, starken Beinen. Es kann schwere Lasten tragen, und man kann sogar auf seinem Rücken reiten. Ja, es ist ein wahrhaft originelles Tier. Dafür scheint es aber auch besonders dumm zu sein, oder?

Hören wir nur einmal, wie der berühmte Tierforscher Brehm beschreibt, was passiert, wenn eine Kamelkarawane morgens bepackt werden soll:

«Die zur Fortschaffung des Gepäcks bestimmten Kamele sind seit gestern angekommen und fressen mit der unschuldigsten Miene die Wandung einer Strohhütte auf, deren Besitzer eben abwesend ist und der versäumte, sein Haus durch Dornen zu schützen. Einige Kamele unterstützen in Erwartung des Kommenden das Gebrüll der Treiber mit ihrem eigenen; bei den Übrigen, die noch nicht mitbrüllen, bedeutet dies so viel wie: ‹unsere Zeit ist noch nicht gekommen, aber sie kommt!› Ja, sie kommt! Nach allen Seiten stürmen die braunen Männer, um ihre Häuser fressenden oder sonst wie Unheil stiftenden Kamele einzufangen; bald darauf sieht man sie mit ihnen zurückkehren. Jedes einzelne Kamel wird zwischen die bereits gerichteten Stücke seiner Ladung geführt und mit einem unbeschreiblichen Gurgellaute gebeten oder durch einige, die Bitte unterstützenden Peitschenhiebe aufgefordert, sich niederzulegen. Mit äußerstem Widerstreben gehorcht das ahnungsvolle Geschöpf, dem eine Reihe schwerer Tage vor der Seele steht. Es brüllt zunächst mit Aufbietung seiner Lunge in markerschütternder Weise und weigert sich verständlich und bestimmt, seinen Nacken der Bürde zu bieten. Es fügt sich ins Unvermeidliche, nicht aber mit Ergebung und Entsagung, sondern mit allen Zeichen der im höchsten Grade gestörten Gemütlichkeit, mit Augenverdrehungen, Zähnefletschen, mit Stoßen, Schlagen, Beißen, kurz, mit beispiellosem Ingrimme. Endlich scheint die Lunge erschöpft zu sein. Aber nein: es werden bloß andere Stimmen gezogen und in gräulicher Folge andere Weisen angestimmt.»

Das scheinen doch wirklich dumme Tiere zu sein, die sich dermaßen störrisch anstellen! Oder ahnen sie, wie viele quälende Tage unter der glühenden Wüstensonne, in peitschenden Sandstürmen unter dem schweren Gepäck ihnen bevorstehen? Welch brennender Durst sie quälen wird, wie es wieder zu wenig zu fressen geben wird oder wie zusammenbrechende Kamele unterwegs einfach liegen gelassen werden und die Aasgeier sich aus schwindelnden Höhen auf das tote Kamel herabstürzen, ihm mit ihren furchtbaren Schnäbeln den Leib aufreißen, ihre Köpfe mit den nackten Hälsen in die Höhle der Eingeweide stecken und gierig verschlingen, was dort

zu finden ist, bis schließlich nur noch ein bleiches Gerippe im Wüstensand zu finden ist?

Recht haben sie, die Kamele, und gar nicht dumm ist es, wenn sie sich weigern, eine solch quälende Strapaze auf sich zu nehmen!

Wenn sie dann erst einmal unterwegs sind, fügen sie sich ins Unvermeidliche und setzen unbeirrbar Schritt vor Schritt mit einer unglaublich zähen Ausdauer. Trotz des schweren Gepäcks laufen sie vier Kilometer in der Stunde und an einem Tag oft 40 Kilometer, ein trainiertes Reitkamel ohne Last sogar 80 Kilometer! Und eine Karawanentour kann 1000 Kilometer oder länger sein. Bevor es Autos gab, waren Kamelkarawanen die einzige Möglichkeit, die Sahara von Algier bis Timbuktu oder Tamanrasset zu durchqueren, und heute noch tragen Karawanen Salz aus dem Inneren der Wüste durch besonders unwirtliche Gebiete der Sahara, wo es keine Autopisten gibt. Niemals hätten Menschen dies alleine oder mit Pferden oder Eseln geschafft. Nur Kamele können dies! Warum?

Wer Kamele nach einer langen Karawanenreise hat fressen sehen, glaubt vielleicht, dass sie überaus verfressene Tiere sind, die vor lauter Gier nichts als Fressen kennen – solche Massen an Heu oder Getreide schlingen sie in sich hinein.

Es gibt aber kein genügsameres Tier als das Kamel, dann nämlich, wenn einfach keine Nahrung vorhanden ist. Ist es Abend geworden und haben die Treiber ihre Tiere von allen Lasten befreit, so machen sich die Kamele auf, selber Nahrung zu suchen. Von ihren Treibern bekommen sie auf langen Wüstenreisen nicht mehr als einige Hände voll Durrhahirse oder Gerste. Der Treiber hält ihnen dieses karge Futter in seinem Umschlagtuche hin. Was sie selbst finden, ist dürr und trocken, hart und dornig. Das Kamel jedoch macht sich nichts daraus. Es zermalmt alles mit seinen starken Zähnen, und weil Lippen und Mund verhornt sind, spürt es nichts davon. Die mit Blättern gedeckten Strohhütten der Wüstenbewohner müssen mit Schutzwänden umgeben werden, sonst fressen die Kamele sie bis auf den Grund auf. Mit besonderem Verlangen reißen sie auch die Blätter von den Bäumen herunter. Tierforscher berichten, dass sie sich wiederholt starke und scharfe Dornen durch die Stiefelsohle und die Zehe bis durch das Oberleder der Schuhe getreten haben, dass das Kamel aber ebensolche Dornen mit dem größten Wohlbehagen verspeiste. Bei so dürftiger Nahrung kann ein Kamel gewiss kein Fett ansetzen!

Nun hat das Kamel eine gar wunderbare Einrichtung in sich, oder besser gesagt über sich, welche ihm über große Nöte des Mangels hinweghilft: seinen Höcker. In guten Zeiten hat es ihn sich angefressen, denn er ist nichts anderes als ein Fettbäuchlein, das auf dem Rücken getragen wird. Es ist kein Knochen darin, darum kann es anschwellen und wieder abnehmen, je nachdem, ob gute oder magere Tage sind. Wer seinen Schmerbauch auf dem Rücken trägt, wird durch diesen nicht behindert. Ist der Höcker prall gefüllt, kann er bis zu 15 Kilogramm wiegen, ist er aber ausgezehrt, so wiegt er nur noch zwei Kilogramm, und man sieht ihn fast nicht mehr. Wohl dem, der auf so lange Zeit von seinem Vorrat leben kann! Da braucht man sich nicht zu wundern, wenn ein ausgezehrtes Kamel nach langer Entbehrung am Ende einer Karawanenreise sich den Bauch vollschlägt.

Auch scheinen Kamele unmäßige Säufer zu sein. Sieht man, wie ein Kamel Wassereimer nach Wassereimer voll, 130 Liter in 10 Minuten austrinkt, so kann einem ganz schwindelig werden.

Aber auch darin sind Kamele unterwegs sehr genügsam. Finden sie viel frische Blätter, so kommen sie ganz ohne Wasser aus. Finden sie diese nicht, können sie volle 17 Tage lang dursten. Ein Mensch dagegen kann bei mäßigen Temperaturen nur zwei Tage, bei den heißen Wüstentemperaturen gerade noch 20 Stunden ohne Wasser auskommen. Dann verdurstet er!

Mit einer besonders feinen Witterung nehmen Kamele eine Wasserquelle schon aus großer Ferne wahr. Sie wissen auch die Stellen noch, wo sie früher einmal getrunken haben, recken die Hälse, rennen darauf los und lassen sich nicht aufhalten, bis sie am Ziele sind, wo sie lange und ausgiebig schlürfen.

Früher hat man geglaubt, dass Kamele bestimmte Wassersäcke in sich haben, so wie sie den Fetthöcker haben, aber das stimmt nicht. Wie aber ist es möglich, dass ein Kamel so lange dursten kann?

Nun, zum einen produzieren die Kamele selbst Wasser, wenn sie das Fett aus ihrem Höcker im Körper umwandeln. Zum anderen schwitzen sie sehr wenig, während wir Menschen ja dadurch ein bis zwei Liter Wasser am Tag verbrauchen, in der Wüste sogar einen Liter pro Stunde. Weil sie so wenig schwitzen, bleibt ihr Körper nicht so gleichmäßig warm wie unserer. Er wird tagsüber viel heißer, bis 40°C, und kühlt dagegen nachts stärker, bis auf 34°C ab. Morgens sind die Kamele noch sehr klamm und steif und wollen sich erst bewegen, wenn es wärmer wird. So ist es kein Wunder, wenn die Kameltreiber morgens eine elende Mühe mit den unwilligen Kamelen haben!

Auf dem Rücken tragen sie ein dichtes Fell, einen fünf bis zehn Zentimeter dicken Filz, der sie davor schützt, allzu heiß zu werden, wie sich ja auch die Beduinen durch einen dicken wollenen Burnus schützen, oft sogar durch mehrere übereinander! Und auch der Fetthöcker hält die Sonnenhitze vom Körper ab. Gut, dass er oben auf dem Rücken sitzt und nicht am Bauch!

Wer so ausdauernd Hunger und Durst ertragen kann, dass durch ihn erst gewaltige Steppen- und Wüstenländer bewohnbar werden, der darf dann wohl auch scheinbar gierig und unmäßig fressen, saufen und brüllen!

Auch die Füße des Kamels sind wie für die Wüste geschaffen. Kamele treten, wie alle Paarhufer, nur mit zwei Zehen auf, die übrigen sind zurückgebildet. Diese Zehen tragen aber dichte, weiche und gepolsterte Hornschwielen, sodass sie im Sand nicht versinken und weich auftreten. Mit ihren langen, hohen Beinen gehen sie im Passgang, bewegen also immer beide Beine der einen Seite gleichzeitig. Daher kommt der schwankende Gang, daher auch der Name Wüstenschiff. Mancher Reisende ist schon nach kurzer Zeit von diesem Schwanken seekrank geworden, sodass er lieber abgestiegen und nebenher gelaufen ist! Mit diesem schwankenden Gang kann das Kamel fabelhaft über große Ebenen oder wenig gebirgige Gegenden laufen. Geht es aber steil bergab oder bergauf, wird es unsicher. Schon den eigenen Körper muss es auf seinen schwankenden Beinen als unsichere Last erleben – wie viel mehr die schweren Traglasten! Nein, man kann von niemandem, der so wie ein Kamel beschaffen ist, verlangen, dass er steil bergab klettere! Alle Karawanen, die an ein Gebirge kommen, das sie nicht umgehen können, laden daher ab und packen die Lasten auf Esel, die im Gebirge viel besser laufen können, auch wenn sie nicht so viel tragen können. Daher gab es an allen Karawanenstraßen am Gebirgsfuß Karawansereien mit Eseln.

Selbst der Mist, den die Tiere morgens absetzen, ist wichtig für die Wüstendurchquerung. Er wird sorgfältig gesammelt und mitgenommen, denn in der Wüste, wo es kein Holz gibt, ist er eine Kostbarkeit. Er trocknet in der Hitze des Tages und dient abends beim Lagerfeuer als Brennmaterial. Nichts darf ungenutzt verloren gehen!

Wenn sich das Kamel zur Ruhe hinlegt, zum Beispiel abends, wenn es wiederkäut, kommen ihm seine Hornschwielen gut zustatten. Es liegt darauf wie auf einer Unterlage, die es sich mitgebracht hat, sie ist ihm ja angewachsen. Solche Schwielen bilden sich, wenn das Kamel größer geworden ist, zum Beispiel am Bauch, an den Ellbogen, an den Handgelenken, an Knien und Fersen, also überall dort, wo es liegend den Boden berührt. Die Zusammengehörigkeit dieses Tieres mit der Landschaft, in welcher es lebt, kann man nur bewundern. Ja, das Kamel ist bis in seinen Körperbau hinein selbst ein Stück Wüste geworden.

Man sagt den Kamelen noch eine schlechte Eigenschaft nach: dass sie feige seien. Unruhe erfasst sie nämlich, wenn sie wittern, dass ein Wüstensturm herannaht, ein Sandsturm oder Samum. Längst ehe er da ist, haben sie ihn mit ihren feinen Sinnen wahrgenommen. Dann fangen sie an schneller und immer schneller zu laufen, um ihm vielleicht noch zu entgehen. Schließlich aber legen sie sich auf den Boden hin, von der Windrichtung abgekehrt, und schmiegen auch die ausgestreckten Hälse in den Sand. So harren sie aus, bis die alles durchdringende Gluthitze wieder vorüber ist. Sie leiden gewiss nicht weniger als die Menschen, die unter dem Gepäck Schutz suchen. Die Sonne ist durch dicke Staubwolken verdunkelt, und noch ehe sie wieder sichtbar wird, ist manches Kamel der Dürre und der Gluthitze erlegen. Mit heraushängender Zunge bleibt es auf der Strecke liegen.

Wie klug ist doch das Kamel und gar nicht feige, wenn es den Sandsturm rechtzeitig wittert und ihm vielleicht entgehen kann. Dazu braucht es nicht nur eine sehr feine Nase, sondern es ist auch gut, diese Nase möglichst weit weg vom Boden zu halten, wo immer Sand und Staub wehen. So trägt das Kamel seine Nase oft höher als Augen und Ohren. Wenn ein Mensch dies tut, nennen wir ihn hochnäsig oder arrogant. Und mancher beschimpft wohl auch das Kamel so. Aber sagt selbst: Ist es in der Wüste nicht besser, die Nase hoch zu halten, als seine Nase in alles hineinzustecken?

Bei einem Tier, das wie das Kamel schon seit Jahrtausenden in menschlicher Pflege lebt – wilde Kamele finden sich ja kaum noch – gibt es natürlich wie bei Pferden und Rindern viele verschiedene Rassen. Schwere, fast plumpe Kamele, welche vorwiegend für das Tragen von Lasten verwendet werden, sind zum Beispiel die ägyptischen. Auch in anderen fruchtbareren Gebieten Nordafrikas werden solche Kamele gezüchtet. Als Reittiere verwendet man diese Tiere nicht. Da sind die hoch gewachsenen, schlanken und langbeinigen Kamele, die den Reiter im schnellen Schritte durch die Wüste tragen, sodass kein Pferd ihnen folgen könnte, ein stolzeres Geschlecht! Die Wüstenreiter blicken daher auch nur mit Geringschätzung auf die schwerfälligen Lastenkamele hinab. Auch bei Kamelen spricht man von edlen und unedlen Rassen. Berühmt geworden ist der Kamelritt des Propheten Mohammed, der eilig fliehend auf einem Reitkamel, von den Arabern «Hedjin» genannt, in zwölf Stunden die Strecke von Kairo nach Alexandrien zurücklegte.

Die edelsten Reitkamele heißen in Nordafrika «Mehari». Auf diesen weißen, schlanken Renntieren treffen sich die Tuaregs Nordafrikas einmal im Jahr zu den farbenprächtigen Reiterwettkämpfen, den Fantasias, in Tamanrasset. Hier sieht man die schönsten und prächtigsten Kamele!

Noch etwas über die jungen Kamele: Jede Kamelstute bringt nur ein Fohlen im Jahr zur Welt. Es regt sich sogleich munter und spielt lustig mit den anderen. Die Kälber haben ein schönes, wolliges Fell. Bald laufen sie der Mutter auf den langen Karawanenmärschen nach und gewöhnen sich so an die weiten Reisen. Nach etwa drei Jahren müssen sie dann lernen, selbst Lasten zu tragen oder den Reiter auf sich zu dulden. Sie dazu zu bringen ist natürlich bei allen Last- und Reittieren für den Menschen eine schwere Arbeit. Aber die Mühe lohnt sich, denn ein edles Reitkamel ist, genau wie ein edles Pferd, der Stolz des Reiters.

Ein dummes Kamel? – Ich glaube, wer weiß, welche großartigen Leistungen Kamele vollbringen, bekommt Hochachtung vor ihnen und versteht, weshalb sie sich manchmal so eigenartig benehmen.

Und wer es nicht versteht, der ist nun wirklich selber dumm!

Das Rotkehlchen

Das Rotkehlchen ist ein Vogel, den man nie mehr verwechselt, wenn man ihn einmal wirklich gut angeschaut hat. Seine Kehle und Brust leuchten so orange und so kräftig hervor, als trügen sie eine Feuerflamme auf den Federn. Dreht das Rotkehlchen sich aber um, so sehen wir nur seine graubraunen Rückenfedern, die altem raschelndem Laub unter den Buchen gleichen, wo das Rotkehlchen gerne umherhüpft, denn oft finden wir es am Erdboden.

Eigentlich ist es nur ein winziges, kugelrundes Federbüschel, aus dem hinten die braunen Schwanzfedern und vorne ein kleiner Kopf ohne Hals und ein zierlicher kleiner Schnabel herausschauen. Und die schlanken, langen Füßchen übersieht man beinahe, so dünn sind sie. Sie müssen auch nicht viel tragen: Selbst wenn das Rotkehlchen den Bauch voller Würmer hat, wiegt es nur gerade 20 Gramm, so viel wie ein Brief.

Und doch sind sie kräftig, die schlanken Beine, denn auf ihnen hüpft das Rotkehlchen von einem trockenen Blatt zum anderen, pickt mit dem Schnabel danach, hebt es hoch, sucht nach einem Würmchen, hüpft weiter, sammelt hier eine Blattlaus ab, hüpft zum Bach, wo es ein kleines Krebschen herauszieht, und hüpft wieder weiter. Es hüpft viel lieber am Boden entlang – selbst von Zweig zu Zweig hüpft es lieber, als dass es fliegt – und so bleibt es immer ein bisschen versteckt. Aber zum Singen fliegt es gerne auf einen Strauch oder einen Baum, und dann leuchtet seine feuer-orange Kehle weithin wie ein Leuchtfeuer. Und noch weiter trägt sein klarer Gesang: Es tschilpt nicht wie Spatzen oder krächzt wie Krähen, nein, das Rotkehlchen ist ein wunderbarer Sänger! Zart und rein singt es eine Strophe nach der anderen, und jede klingt anders. Nie wiederholt es sich, wie der Buchfink, der immer dasselbe Lied singt. Immer wieder ist die Strophe neu. Manchmal macht es sogar einen Buchfinken nach oder eine Kohlmeise. Und doch erkennt man seinen Gesang sofort: Er klingt, als rollten schimmernde Perlen über dunkelblauen, weichen Samt oder als sprühten die funkelnden Tropfen eines Wasserfalls über weiches Moospolster. Oft findet man den Sänger nicht gleich, sucht man ihn mit den Augen, denn sein Gesang tönt so leicht, dass man immer zuerst in die oberste Spitze des Baumes schaut, selbst wenn es weiter unten singt.

So unauffällig das Rotkehlchen am Boden entlanghüpft, so auffällig wird es, wenn man es stört: Wenn es ein anderes Rotkehlchen zu nahe an sein Nest herankommen sieht, so fliegt es ihm mit brennend roter Brust entgegen und vertreibt den Eindringling. Selbst gefährliche Tiere wie den riesenhaften Uhu tixt es zornig an, um ihn zu vertreiben. Auch Ratten oder Wieseln, die das Nest plündern wollen, fliegt es todesmutig entgegen, schnickert und tixt laut und sträubt die Federn seiner orangefarbenen Kehle auf, um das Wiesel vom Nest abzulenken. Ist ihm das geglückt, so fliegt es im letzten Moment vor der Nase des Wiesels auf einen sicheren Strauch, und das Wiesel hat das Nachsehen! Ein tapferes kleines Kerlchen, das Rotkehlchen!

Wenn der Gärtner mit dem Spaten ein Beet umgräbt, hüpft das Rotkehlchen oft ganz nahe heran, schaut aus seinen klugen, schwarzen Knopfaugen, ob alles in Ordnung ist, und holt sich dann eine Assel oder einen Regenwurm aus den glänzenden Erdbrocken. So kann es mit dem Menschen ganz vertraut werden.

Das Rotkehlchen lernt aber auch schnell Nahrung zu finden, die gar nicht für es bestimmt ist: Als früher in England morgens vor die Haustüren offene Milchflaschen gestellt wurden, merkten die Rotkehlchen schnell, dass sie diese leckere Milch trinken konnten. Als man daraufhin Aluminiumdeckel auf die Flaschen setzte, schafften sie es bald, den Deckel zu öffnen. Sie sind wirklich nicht dumm!

Ihr Nest bauen Rotkehlchen sehr versteckt. Meist legen sie es im Wald an, am Fuße eines dichten Gebüsches, zwischen Wurzeln oder in einer Baumhöhle, manchmal aber auch im Garten in einer liegen gebliebenen Gießkanne. Nur drei Tage braucht das Rotkehlchen um das kleine Nest aus Zweigen und über 300 Blättern zu bauen. Manchmal geht es sogar noch schneller. Als ein Gärtner einmal seine Gärtnerschürze mittags an einen Haken der Schuppenwand hängte, war, als er am Nachmittag zurückkam, in der Schürzentasche bereits ein gerade fertig gewordenes Nest! So flink ist der kleine Vogel!

In das fertige Nest legt das Rotkehlchenweibchen fünf bis sechs rahmweiße Eier mit kleinen braunen Flecken und bebrütet sie zwei Wochen lang, während das Männchen es füttert. Dann schlüpfen die Jungen, sie müssen noch lange gefüttert werden. Der Tag, an dem sie zum ersten Mal ausfliegen, ist der spannendste und gefährlichste: Mit einem Sprung müssen die Kleinen aus dem Nest heraushüpfen, und dann gibt es kein Zurück mehr! Wenn ein Junges verloren geht, wird es aber manchmal von einer anderen Rotkehlchenfamilie aufgenommen.

Im Herbst und Winter fressen die Rotkehlchen besonders gerne die orangeroten Beeren und die karminroten Früchte des Pfaffenhütchens, das deswegen auch Rotkehlchenbrot heißt. Ob sie es wohl wegen der orangeroten Farbe so gerne mögen? Ich glaube schon! Sie fressen aber auch die dunklen Holunderbeeren, Brombeeren und Efeubeeren.

Wenn sie keine Beeren mehr im Garten finden, ziehen die Rotkehlchen fort, manche ziehen sehr weit, bis nach Frankreich, Spanien, Marokko oder Israel. Sie fliegen dann nachts. Wie aber finden sie in der Nacht nach Spanien oder Marokko – und wie wieder zurück? Nun, sie schauen nach den glänzenden Sternen. Sie schauen, wo der große Bär steht und wo Orion, der große Jäger, und dann wissen sie, wo sie hinfliegen müssen. Keiner von uns wüsste, wie er nur mit Hilfe der Sterne nach Marokko kommen könnte – die Rotkehlchen aber wissen es. Und wenn Wolken vor den Sternen ziehen und diese gar nicht zu sehen sind? Dann spüren sie am Magnetfeld der Erde, wo sie gerade sind und wo Marokko liegt und wo sie hinfliegen müssen. Wie sie das machen? Kein Mensch weiß es. Doch das Rotkehlchen kann es! Tolles Kerlchen!

Wenn es aber im späten Herbst noch immer genügend Beeren findet, dann bleibt es auch den ganzen Winter über hier, denn eigentlich ist es gerne in der Nähe des Menschen. Und im Winter kommt es oft besonders nahe an das Futterhaus heran. Nie aber drängelt es. Flink hüpft es heran, pickt etwas auf und hüpft ebenso flink wieder davon.

An schönen Tagen singt es sogar im Winter! Anders als andere Vögel, die nur im Frühling singen, singt es auch im Herbst und ein bisschen im Sommer und eben sogar im Winter. Am Rotkehlchen kann man sich eigentlich immer freuen!

Wer einen Garten hat, kann auch dafür sorgen, dass das Rotkehlchen sich freuen kann: Er kann Rotkehlchenbrot pflanzen und andere Beerensträucher, kann eine Wasserstelle zum Baden aufstellen und vielleicht einen Nistkasten. Sonst nimmt das Rotkehlchen vielleicht doch die Gießkanne!

Moschusochsen

Vor sehr langer Zeit, in der Eiszeit, als es bei uns noch so kalt war, dass Norddeutschland unter einer mächtigen Schicht von Gletschereis lag, das selbst im Sommer nicht abtaute, da lebten sie wohl auch bei uns, die eigenartigen Tiere, von denen ich berichten möchte. Aber als es dann wärmer wurde, so warm, wie es jetzt ist – und das kommt uns ja gar nicht so warm vor –, da wurde es diesen Tieren schon viel zu warm. Und sie wanderten dorthin, wo es auch heute noch Eiszeit gibt: nach Grönland, Alaska und in den Norden Kanadas. Auch in einem Berggebiet im nördlichen Norwegen gibt es heute eine Herde.

Dorthin fuhren wir in einem schönen Sommer, um sie zu suchen. Das Dovrefjell, so heißt das Berggebiet, ist an einem sonnigen Sommertag wunderschön: Der Blick schweift fast unendlich weit über die flachen grünen Hügel und die sanften Täler mit ihren sprudelnden Bächen. Kein Wald, kein Baum und kein Strauch stören den Blick, nur niedrige Heidekräuter, ein bisschen Gras mit Butterblumen und viele Flechten wachsen hier, sonst nichts.

Wir wanderten in Gummistiefeln viele Stunden lang, ohne etwas anderes zu sehen als die grünen Hügel und den blauen Himmel. Die ersten Ungeduldigen waren schon wieder umgekehrt. Da sahen wir endlich einige winzig kleine, sandkorngroße, braune Pünktchen. Und im Fernglas erkannten wir, dass das unmöglich braune Felsen sein konnten, denn hier waren alle Felsen grau. Das mussten sie sein!

Nun schlugen wir einen großen Bogen, dass uns der Wind entgegenkam und uns nicht vorzeitig verraten konnte. Nach einem langen Marsch hatten wir sie schließlich erreicht und versteckten uns erst einmal hinter einem Felsbrocken, von wo aus wir sie gut beobachten konnten.

Als wir vorsichtig über den Felsen hinauslugten, sahen wir die kleine Herde, sechs Moschusochsen vor uns. Einige lagen gemütlich in der Wiese, andere fraßen Gras und passten gut auf. Moschusochsen sind große Tiere, so hoch wie ein Viertklässler, aber bis über zwei Meter lang. Sie haben ein ganz unglaubliches Fell: tief dunkelbraun, fast schwarz, und nur die alten Bullen haben eine hellbeige Stelle auf dem Rücken wie eine Satteldecke. Die Unterwolle des Fells ist zwei Handbreit dick und achtmal so warm wie Schafwolle. Die Oberwolle hüllt Augen, Ohren, Nase, Bauch und sogar die Zehen so dicht ein, dass nichts mehr herausschaut. Bis zu 90 Zentimeter lang sind die Haare und reichen bis zur Erde hinab. Mit solch einem wunderbaren Pelz halten sie sogar den grönländischen Winter aus, und das sind oft -50 °C und dazu eisigster Schneesturm. Wenn es ihnen gar zu viel wird, drehen sie ihr Hinterteil gegen den Wind, legen sich hin und lassen sich einschneien – manchmal bis obenhin. Wenn der Sturm vorbei ist, schütteln sie ihren Pelz, schnauben und prusten und kommen aus ihrer Schneewehe wieder heraus.

Nun hat man gedacht, man könne die Moschusochsen scheren wie Schafe, um diese wunderbare Wolle zu bekommen. Aber ohne ihren Pelz erkälten sich die Tiere, bekommen Lungenentzündung und sterben. Denn eigentlich sind sie dünn wie die Ziegen, mit denen sie auch verwandt sind. Nur ihr Pelz macht sie so groß und hält sie warm.

Ihr glaubt vielleicht, im Sommer müssten sie schwitzen. Aber auch im Sommer gefällt er ihnen gut. Natürlich tragen sie dann ein leichteres Sommerfell. Und durch dessen immer noch dicke Wolle können all die lästigen Stechmücken und Bremsen nicht stechen. Und wer von euch schon einmal in Lappland war, weiß, wie scheußlich diese pieksen können und wie gut es ist, ganz und gar geschützt zu sein.

Eigentlich sind Moschusochsen friedliche Tiere, die niemandem etwas tun. Aber sie fürchten auch nichts und niemanden, nicht Wölfe, nicht Vielfraße und auch keine Menschen. Wir wussten sehr wohl, warum wir uns hinter dem Felsen versteckt hielten.

Wenn ein Wolf oder ein Vielfraß ihnen oder gar ihren Kälbchen zu nahe kommt, so springen die Großen ganz flink alle zusammen. Sie sehen zwar schwerfällig aus, springen aber leichtfüßig wie Ziegen. Dann bilden sie – Schulter an Schulter zusammengerückt – eine feste Schutzburg um die Kälbchen in der sicheren Mitte. Die Köpfe mit den gefährlichen Hörnern wenden sie nach außen, dem Wolf zu. Manchmal passiert es aber doch, dass in der Aufregung einer nicht aufpasst und mit dem Hintern nach außen steht, dann müssen ihn die anderen schnell zurechtstupsen.

Kein kluger Wolf würde es wagen, solch eine gut geschützte Burg anzugreifen. Sollte sich doch einmal einer zu nahe heranwagen, so stürmt plötzlich einer der großen Bullen mit gesenktem Kopf hervor und spießt den Wolf auf die Hörner. Denn die Hörner sind direkt am Kopf nach unten gekrümmt, dann aber steil nach oben gebogen und spitz wie Dolche. Und mit ihren harten Hufen können sie den Wolf so kräftig treten, dass dieser es nicht noch einmal wagen wird, die Kälbchen zu bedrohen. Und wenn wir Menschen ihnen zu nahe kämen, würde es uns auch so gehen. Deswegen blieben wir lieber hinter unseren Felsbrocken versteckt.

Die Kälbchen werden im April oder Mai geboren, wenn manchmal noch Schneestürme heulen, aber oft auch schon die Sonne mild wärmend scheint. Es kann nachts noch so kalt werden, dass das Neugeborene erfroren ist, bevor es ganz trocken ist, wenn es nicht vom warmen kuscheligen Fell der Mutter gewärmt wird. Es sieht aus wie ein nasser Pudel, aber nach wenigen Minuten steht es schon auf und nach drei Stunden kann es laufen und der Mutter sogar voraushüpfen.

Wenn dann der Frühling kommt, es warm wird und alle reichlich Butterblumen fressen können, dann werden sie alle ganz ausgelassen. Nicht nur die Neugeborenen, sondern auch die alten Bullen und Großmütter beginnen zu spielen und im flachen Wasser eines Flusses herumzutollen: Sie schütteln die mähnigen Köpfe, drehen sich im Kreis und knallen die Hörner gegeneinander oder auch gegen Felsen oder Treibholz im Fluss. So sehr freuen sie sich über den Frühling!

Und das geht uns Menschen nach einem langen Winter ja auch manchmal so!

Lahol, der Mornellregenpfeifer

Alle Vögel fliegen fort, wenn wir ihnen zu nahe kommen, alle, ob Tauben, Amseln, Möwen, selbst die kecken Spatzen, die dicht an unsere Parkbank heranhüpfen, wenn wir mit Keksen krümeln, schwirren tschilpend davon, wenn wir uns zu schnell bewegen oder gar aufstehen. Alle haben sie Angst vor uns. Und das finden wir ganz normal. Aber warum haben sie denn Angst, auch wenn wir ihnen gar nichts tun wollen? Haben sie so schlechte Erfahrungen mit uns Menschen gemacht? Das muss es wohl sein, und wahrscheinlich haben sie nicht vergessen, wie viele Nester schon ausgeplündert wurden, wie viele kleine Singvögel schon in Netzen gefangen wurden und wie viele Adler schon erschossen wurden.

Ein einziges Vögelchen gibt es, das keine Angst vor uns Menschen hat, obwohl es gar nicht besonders groß oder gar gefährlich ist. Sicher hat es noch niemand von euch gesehen, denn es lebt dort, wo fast nie ein Mensch hingelangt. Kein Mensch und kaum ein Tier lebt dort im Norden Lapplands, auf den flachen Kuppen des Fjells, wo keine Birken und keine Weiden mehr wachsen und nur ganz selten vielleicht ein Moschusochse sein Gras sucht oder ein Vielfraß mit knurrendem Magen vorbeistreicht, ob er nicht eine Maus oder einen Lemming finde …

Wenn du dort oben über das Fjell gehst, dann kann es wohl sein, dass du einmal ein schwaches «wüüt-wüüt» hörst, dich umblickst und suchst, aber nichts siehst; noch einmal «wüüt-wüüt» – wo kommt das nur her? Und wenn du ganz viel Glück hast, siehst du dann in der Heide oder auf einem Stein sitzend ein hellbraunes Vögelchen, nicht größer als eine Hand, mit rot-brauner Brust und schwarzem Bauch und mit einem zierlichen weißen Streifen über den Augen bis zum Hinterkopf wie ein kleines Krönchen – ein Vögelchen, das dich ansieht, als wolle es fragen: «Was willst du denn hier? Und wer bist du denn?»

Das ist Lahol – so nennen ihn die Finnen und Lappen. Bei uns heißt er der Mornellregenpfeifer. Wenn du dich nun fragst, warum der kleine Vogel gar nicht wegfliegt und du neugierig einen Schritt näher trittst, dann siehst du, dass etwas mit ihm nicht in Ordnung ist, sodass er gar nicht fliegen kann: Sein Flügel scheint gebrochen zu sein und ausgerenkt. Er hängt ganz verdreht zur Seite herab. Und auch das eine Bein lahmt, wenn Lahol mühsam einen Schritt vorwärts macht. Auch piepst er hilflos und jämmerlich, sodass du näher kommst um nachzusehen, was er hat. Da ist er aber schon ein paar Hüpfer weitergehüpft und schaut dich aus seinen klugen, schwarzen Knopfaugen fragend an. Trotz seines ausgerenkten Flügels und seines lahmen Beines bleibt er dir immer ein paar Schritte voraus, wenn du ihm allmählich folgst. Und nach einer Weile, ohne dass du es bemerkt hast, bist du unten im Tal bei dem Weidengebüsch am Bach angelangt, weit weg von der Stelle, wo du Lahol zuerst getroffen hast. Und plötzlich fliegt Lahol einen großen Bogen und ist verschwunden. Was war denn nun mit seinem Flügel und seinem Bein?

Wahrscheinlich findest du die Stelle nicht wieder, wo du ihn das erste Mal getroffen hast, weil hier alles gleich aussieht. Wenn du aber am nächsten Tag doch noch einmal an diese Stelle kommst, wirst du Lahol mit dem ausgerenkten Flügel und dem lahmen Bein wieder dort antreffen. Denn hier irgendwo in der Heide hat Lahol sein Nest und passt gut darauf auf. Aber es ist so gut versteckt und die drei grün-braun gefleckten Eier gleichen so sehr den Kieseln und den Flechten ringsum, dass du sie bestimmt nicht finden wirst. Darum musst du ganz still stehen bleiben, damit du sie nicht aus Versehen zertrittst. Und Lahol, der weiß, wie leicht du seine Eier zertreten könntest, wird dich wieder vorsichtig wegführen, wie tags zuvor, bis du weit genug weg bist, dass keine Gefahr mehr besteht. So klug ist Lahol und so furchtlos! Mit dem Polarfuchs und dem ewig hungrigen Vielfraß macht er es nicht anders.

Der große schwedische Vogelforscher Bengt Berg, der Geduld hatte wie nur wenige Menschen, war so entzückt von dem kleinen Lahol, dass er viele Wochen lang jeden Tag trotz Regen und Sturm auf das Fjell hinaufstieg und nicht aufhörte zu suchen, bis er einmal ein Nest mit den drei gefleckten Eiern des Mornellregenpfeifers gefunden hatte. Er zog seine Jacke aus und legte sie hin, und als er am nächsten Tag wiederkam und die Jacke und das Nest wieder fand, kam er so vorsichtig näher, dass Lahol sitzen blieb und sich gar nicht stören ließ. Und am nächsten Tag kam er noch näher an Lahol heran. Und schließlich kam er so nahe, dass er ihm einen Regenwurm hinhalten konnte, den Lahol gerne aufpickte und verschlang. Ja, nach einigen Wochen konnte er ihn sogar streicheln und seine Hand unter das Nest schieben, ohne dass Lahol davonflog. Schließlich brütete Lahol ganz zutraulich in Bengt Bergs Hand, ließ sich füttern und hatte kein bisschen Angst.

Wer hätte gedacht, dass ein kleiner, wilder Vogel, der jederzeit wegfliegen könnte, so zutraulich und so furchtlos sein könnte?

Was meint ihr, ob es daran liegt, dass Lahol der Vater ist, der ganz alleine die Eier ausbrütet und später die Kinder ausführt, während die Mutter längst irgendwohin verschwunden ist? Ich glaube das nicht! Ich glaube, dass mancher Vogel so furchtlos und zutraulich sein könnte, wenn er noch nie schlechte Erfahrungen mit uns Menschen gemacht hätte! Aber ich glaube auch, wir müssten viel Geduld aufbringen, um ihnen zu zeigen, dass wir ihnen nichts tun wollen und dass wir sie wirklich gerne haben!

Der Hamster

Goldhamster kennt wohl jedes Kind. Wenn es nicht selber einen zu Hause im Käfig hält, so hat doch sicher eine Freundin einen oder die Freundin einer Freundin. Man muss sie gern haben, diese possierlichen Tierchen mit dem goldgelben Rücken und dem weißen Bauch, auch wenn man sie gar nicht oft zu sehen bekommt, weil sie tagsüber schlafen. So bekannt und beliebt sind diese kleinen Tiere, weil sie jeder einfach gern haben muss.

Sie sind aber gar nicht bei uns zu Hause. Vielmehr stammen sie aus der syrischen Wüste, genauer aus einer ganz kleinen Gegend um die syrische Stadt Aleppo. Vor über 100 Jahren entdeckte man sie dort zum ersten Mal, aber danach sah man sie überhaupt nicht mehr. Auch später hat man sie nur noch so selten gesehen, dass man heute gar nicht ganz genau weiß, ob es sie dort überhaupt noch gibt. Wer hätte gedacht, dass der bekannte Goldhamster ein so seltenes Tier ist?

Aber auch bei uns gibt es in der freien Natur Hamster, nämlich den Feldhamster. Er wird doppelt so lang wie ein Goldhamster und kann ein ganzes Pfund wiegen.

Früher gab es in manchen warmen und trockenen Gegenden Deutschlands so viele Hamster, dass jedes Kind sie kannte, ja dass sie manchmal sogar zur Landplage wurden. Heute sind die Hamster so selten geworden, dass man nur noch selten das Glück hat, einen zu sehen. Wie ist das gekommen?

Wenn man von jemandem sagt, er hamstere oder er benehme sich wie ein Hamster, so will man damit zum Ausdruck bringen, dass er sich so benimmt wie das Tier gleichen Namens. Er denkt zunächst nur an sich selbst, er will möglichst viel sammeln und an sich bringen und es nach Hause nehmen. Dass andere auch etwas haben müssen, daran denkt er zuallerletzt. Der wirkliche Hamster macht es ebenso. Darum ist er auch ein ungeselliges, zänkisches Tier. Aber weil er ein Tier und kein Mensch ist, sollte man ihm nicht zu böse sein. Was er treibt und wie er sich verhält, gehört zu seiner natürlichen Gewohnheit, ohne die er nicht leben könnte. Dabei geht er verständig, ja klug zu Werke und ist äußerst fleißig. Ein Hamster muss hamstern und kann nicht anders, selbst wenn er es wollte. Seine ganze Lebensweise wie auch sein Körperbau sind demgemäß eingerichtet, was man von einem menschlichen Hamster nicht eben sagen kann. Betrachten wir also, wie sich einer benehmen muss, wie er beschaffen sein muss und sich einrichtet, wenn er Meister im Hamstern sein will!

Im Spätsommer, wenn auf den Feldern die Ähren reifen, packt ihn der Sammeleifer, denn er weiß wohl, dass jetzt die Gelegenheit gekommen ist, für die lange Zeit vorzusorgen, während welcher er in seinem Bau unter der Erde ausharren muss. Denn auch im Frühling gibt es über der Erde noch nicht hinreichend Nahrung für ihn, höchstens grüne Triebe und junge Halme. Zur Erntezeit geht er also sammeleifrig in die Kornfelder, biegt die Halme um oder beißt sie durch, sodass sie umfallen. Dann packt er die Ähren flink und geschickt mit seinen Vorderpfötchen, dreht sie, zieht sie durchs Maul, holt so die Körner heraus und stopft sie behände in seine großen Backentaschen. Erst wenn diese immer dicker und schließlich voll sind, wird der Heimweg angetreten, der oft nur kurz ist, denn ein Hamster wohnt oft gleich mitten in den Kornfeldern darin, als wenn er sie selbst bestellt hätte; der Heimweg kann aber auch einen halben Kilometer lang sein.

So sind die Hamster im Herbste in tüchtiger und rastloser Tätigkeit, bis die Ernte eingebracht ist.

Der Hamster ist nicht etwa ein flinker Läufer, der leicht weite Strecken zurücklegen könnte. Er muss mit seinen kurzen Beinen und dem fast kriechenden Gange, wobei ihm der Bauch bis fast auf die Erde reicht, geradezu unbeholfen genannt werden. Mit solchen Beinen kann man sich zwar in den Gängen unter der Erde trefflich fortbewegen, über der Erde aber muss man immer auf der Hut sein, dass

einen nicht unterwegs jemand erwischt. Wird ein Hamster mit voll gepackten Backentaschen auf dem Heimwege überrascht, so streift er mit den Pfötchen schleunigst die Backentaschen aus. Denn wenn es wirklich gefährlich wird, muss er so schnell wie möglich rennen. Und das geht nun einmal nicht mit so dicken und ausladenden Hamsterbacken. Je nachdem setzt er sich auch nur auf die Hinterpfötchen, macht Männchen und prüft zunächst, wie groß die Gefahr ist.

Betrachten wir zunächst, wie ein Hamster es anfängt, seinen Bau zu graben. Er scharrt ihn mit seinen Füßen, mit den kräftigen fünf Zehen. Zuerst wird ein schräg nach unten verlaufender Gang, das Schlupfloch, gegraben. Rasch scharren die Vorderfüßchen, während der Kopf immer tiefer nach unten sinkt. Der Gang verläuft nicht in schnurgerader Richtung, sondern in unregelmäßigen Bögen. In der Tiefe wird er zur Wohn- oder Nestkammer erweitert. Die herausgeworfene Erde bleibt einfach draußen vor dem Loche liegen. Dann wird von der Wohnkammer aus das Fallloch senkrecht nach oben angelegt. Es hat seinen Namen daher, dass sich der Hamster später von oben da hineinfallen lässt oder hineinstürzt. Oft gräbt er auch mehrere Falllöcher. Und weil er sie von unten nach oben gräbt, liegt vor den Ausgängen oder, besser gesagt, Eingängen auch keine herausgeworfene Erde. Die Zugänge zu den Vorratskammern werden zuletzt in verschiedener Richtung von der Wohnkammer aus gescharrt. Sie bilden ein weit verzweigtes Netz und sind insgesamt bis zu 26 Meter lang – eine riesige Wohnung für ein so kleines Tier!

Wie man sich schon denken kann, eignet sich keineswegs jeder Boden gleich gut für einen Hamsterbau. Zunächst sind Wiesen und Wälder ungeeignet, auch darf der Boden nicht steinig oder gar felsig sein. Ist er zu locker oder sandig, würden die Höhlen in sich zusammenfallen. Dass feuchter oder gar sumpfiger Boden kein Ort für Hamsterwohnungen sein kann, ist selbstverständlich. So ist für den Hamster nicht allein die Nahrung dafür bestimmend, wo er leben kann, denn der Bau und seine Einrichtung ist für ihn die andere Hälfte seines Daseins. Treffen aber geeigneter Boden und günstige Nahrung zusammen, flugs sind die Hamster da und machen sich breit. Ihr

Wohngebiet reicht von den Vogesen bis zum Ural. Besonders viele Hamster kamen immer in Thüringen vor. Sie sind eigentlich Steppentiere und richten sich in den Getreidefeldern nur deshalb häuslich ein, weil sie diese eben als Steppe betrachten.

Der Fallgang kann die Tiefe von ein bis zwei Metern haben. Je nach Alter und Größe der Bewohner hat er fünf bis acht Zentimeter Durchmesser. Da der Hamster immer nur in einer Richtung, nämlich von oben nach unten, hindurchrutscht oder fällt, werden die Wände mit der Zeit wie poliert, und wenn sie nicht mehr glänzen, kann man sicher sein, dass der Bau verlassen ist.

Auch an dem Unrat, der sich mit der Zeit vor dem Schlupfloche ansammelt, kann man sehen, ob noch jemand im Bau wohnt. Ist, was herausgeworfen wurde, schon verschimmelt, so wohnt gewiss kein Hamster mehr da, denn sonst müssten frische Abfälle darüber liegen.

Hamster sind die ungeselligsten Tiere, die man sich denken kann. Jeder ist ängstlich besorgt, dass ein anderer ihm seine Beute streitig macht, darum zanken, streiten und beißen sie sich, wo sie sich nur irgend begegnen. Sie fressen sich sogar gegenseitig auf, wie es zum Glück nicht einmal die «Hamster» unter den Menschen tun. Am liebsten leben sie ganz alleine, darum vertreiben sie auch jeden anderen aus ihrem Bau. Dabei sind sie mutig und tapfer. Hat etwa ein Hund einen Hamster in die Enge getrieben, so wirft sich dieser auf den Rücken, bläst die Backentaschen auf, wetzt die Zähne und rattert mit ihnen. Oder er springt den Hund plötzlich an, vor Zorn knurrend und kreischend und beißt ihn mit seinen scharfen Schneidezähnen. Selbst vor Pferden und Menschen fürchtet er sich nicht, er kann einem sogar den Daumennagel durchbeißen!

Der schlimmste Feind des Hamsters ist Meister Reineke, der Fuchs. Dass auch Hunde nicht gerade zu den Hamsterfreunden gehören, ist wohl selbstverständlich. Aus der Luft drohen durch Greifvögel mancherlei Gefahren. Da Hamster vorwiegend Nachttiere sind, haben sie auch die Eulen stets zu fürchten. Ein ganz besonders gefährlicher Feind aber ist der Iltis, weil er zu den wenigen gehört, die dem Hamster bis in seine Schlupflöcher hinein folgen können. Womöglich richtet sich dann der Räuber in den breiten Gängen des Hamsters selbst bequem ein. Die Gefahren, denen der Hamster ausgesetzt ist, sind groß, der Feinde sind viele. Gut, dass er so viele Junge zur Welt bringt!

Wer nun etwa glauben sollte, dass der Hamster ein reiner Pflanzenfresser sei, der irrt sich sehr. Sagt man ihm doch nach, dass er Mäuse noch lieber als Körner fresse. Maikäfer wie Engerlinge sind ihm jederzeit willkommen, und wehe der Eidechse, die sich erwischen lässt! Dass ein Hamster sogar den anderen auffrisst, wurde schon erwähnt. Da ist die Bezeichnung «Allesfresser» für den Hamster noch sehr höflich!

Die Weibchen graben ihren Bau alleine und da sie auch später alleine bleiben wollen, vertreiben sie den Vater ihrer Kinder recht bald mit kräftigen Bissen. Sie sind wirklich sehr ungesellig! Zweimal im Jahr, nämlich im Mai und Juli, werden je acht, manchmal auch noch mehr Hamsterkinder geboren. Dann muss mehr Raum ausgescharrt werden. Die Hamsterkinder kommen blind zur Welt und öffnen die Augen erst nach 14 bis 15 Tagen. Die Mutter trägt sie immer wieder einmal in eine andere Kammer und packt sie dafür mit dem Maul am Genick. Am ersten Tag sind sie aber noch so klein, dass sie bequem auch in die Backentaschen passen.

Sobald aber die zuerst zärtlich Geliebten so groß geworden sind, dass sie sich ihre Nahrung selbst suchen können, etwa mit 25 Tagen, werden sie von der Mutter fortgejagt und sogar gebissen, wenn sie wieder in ihre Kinderstube zurück möchten. Dann graben sie einen eigenen Bau oder übernehmen einen alten, schon bestehenden.

Der Hamster hat ein sehr schönes, dreifarbiges Fell mit gelber, weißer und schwarzer Zeichnung. Oben hat er ein lichtes Graugelb, die Schnauze sowie Augen und Halsband sind rotbraun. Der Mund ist weißlich, und auf jeder Kopfseite ist ein gelber Backenfleck. Auf der Stirn läuft ein schwarzer Streifen, die Füße aber sind weiß. Ist es nicht merkwürdig, dass ein Tier, welches in Höhlen wohnt und meist bei Nacht auf Nahrungssuche ausgeht, so auffällig bunt gezeichnet ist? Als Seltenheiten kommen auch zuweilen ganz schwarze oder ganz weiße Hamster vor.

Werfen wir nun noch einen Blick in das Innere einer Hamsterwohnung, um zu erfahren, was dort getrieben wird. Sie ist in Wohn- oder Nestkammer und die Vorratskammern getrennt. Wie viele Vorratskammern ein Hamster anlegt, hängt von seinem Alter ab: Junge haben nur eine einzige, alte Rammler – so nennt man die Männchen – legen meist vier bis fünf an. Was darin aufgehoben wird, ist mühsam gesammeltes Gut. Getreide und Körner jeder Art werden gesammelt und gespeichert, sie werden so fest zusammengedrückt, dass Hamstergräber sie manchmal nur mit eisernen Werkzeugen auseinander kratzen können. In kleinen Kammern, wie sie junge Hamster anlegen, finden sich meist ein bis drei Pfund Vorräte, in den drei bis fünf großen Kammern alter Männchen dagegen fünf bis sechs Kilo. Man hat aber auch schon Hamsterkammern mit 65 Kilo Vorräten gefunden! Was hat so ein Hamster dann dafür geschuftet!

Außer Getreidekörnern sammelt er auch Erbsen, Wicken, Saubohnen und andere Früchte, ja selbst Mohrrüben und Kartoffeln, je nachdem, wie die Gelegenheit es bietet. Aber auch Ackerunkräuter sucht er zusammen, selbst die giftigen Samen des Nachtschattens oder die ebenso giftigen Früchte der Kartoffeln. Es stört ihn auch nicht, wenn die Vorräte während der ersten Frühlingsmonate etwa anfangen zu keimen. Dann verspeist er eben die jungen Triebe als willkommene Abwechslung mit. Eine Regel in der Anordnung der verschiedenen Feldfrüchte in den Kammern gibt es nicht. Wenn sie getrennt liegen, so nur daher, weil sie nacheinander geerntet worden sind. Die Ordnung und Sauberkeit im Bau sind um so erstaunlicher, als es darin doch stockfinster ist. Wer so leidenschaftlich sammelt, hält eben auch gerne Ordnung in seinen Schätzen. Das ist ja bei menschlichen Sammlern auch so.

Wozu braucht der Hamster die vielen Vorräte überhaupt? Möge er sich doch einfach hinlegen und schlafen, wenn er die Eingänge zugemacht hat! Wer schläft, hat keinen Hunger. Aber der Hamster schläft eben nicht, wenn er sich im Oktober schon in seine dunkle Einsamkeit zurückzieht. Er verstopft zunächst alle Zugänge von oben bis unten sehr fest und verbringt nun sein Dasein in völlig abgeschlossener Höhle. Was er wohl all die Wochen und Monate dort unten träumen mag? Täglich wacht er einmal auf, läuft ein wenig durch seine langen Gänge und frisst etwas von seinen Vorräten. Gräbt man ihn aber mitten im Schlaf aus, schläft er so fest, dass er Stunden braucht, um allmählich zu sich zu kommen. Ja, er muss sehr tief geschlafen haben! Seine Bluttemperatur ist dann auf vier bis fünf Grad gesunken. Also hat der Hamster in dieser Zeit fast überhaupt keine eigene Blutwärme mehr. Aber selbst zu dieser Winterszeit wacht er alle zwei bis drei Tage auf.

Wie man einen Hamster, der im tiefsten Winterschlafe liegt, vorfindet, wenn man ihn ausgräbt, hat ein Naturforscher vor 200 Jahren sehr schön beschrieben. Das Nest habe die Größe einer Ochsenblase, so heißt es, und sei voll von zartestem Stroh, das nur aus den Scheiden der Halme bestehe und sich fast wie Seide anfühle. Es umgebe den darauf liegenden Hamster um und um. Dieser liegt, so wird weiter berichtet, auf der Seite, hat den Kopf unter den Bauch gezogen, welchen die Vorderfüße umfassen, und die hinteren liegen über der Schnauze beisammen. In dieser Stellung bringt er die Zeit seiner Erstarrung zu. Er ist sehr rein, wie gewaschen, und alle Haare, besonders die Barthaare, liegen in der schönsten Ordnung. Die Hamster sind steif, ihre Glieder sind schwer zu beugen, und wenn man sie gebogen hat, fallen sie wie bei toten Tieren aus Schnellkraft wieder in die vorige Lage. Sie fühlen sich eiskalt an, die Augen sind geschlossen. Wenn man sie öffnet, sehen sie hell und klar aus wie bei den lebenden Tieren, sie schließen sich aber von selbst wieder. Man spürt kein Merkmal von Atemholen und kann das Herzpochen nicht fühlen. Sie scheinen allen Gefühls und aller Empfindung beraubt zu sein. Kurz, sie stellen ein lebendiges Bildnis des Todes vor.

Im Bau kommt der Hamster erst Mitte Februar wieder zu sich. Aber er hat jetzt noch gar keine Lust, die Gänge aufzubrechen und herauszukommen, vielmehr träumt er zunächst wieder für einige Zeit und wacht zwischendurch immer wieder einmal auf. Mitte März schließlich wandelt ihn die Lust an, doch einmal nachzusehen, wie es da draußen, oben auf der Welt wohl aussehen mag. Da öffnet er die Gänge, blinzelt, schnuppert in die Luft und wagt schließlich die ersten prüfenden Schritte:

Ob es wohl in diesem Jahr genügend Getreide, Kartoffeln und Unkräuter geben mag, oder ob die Felder wieder so kahl aussehen werden wie in den letzten Jahren? Ob für den Hamster überhaupt noch genug zu fressen da sein wird?

Wo er aber etwas finden wird, da wird er es hamstern, denn das ist seine Lebensaufgabe!

Von zwei Eulen

Von den vielen Tausenden von Vogelarten, die es auf der ganzen Erde gibt, fliegen die weitaus meisten am Tage und schlafen in der Nacht. Auch die weitaus meisten Greifvögel gehen nur am Tage auf Beute aus, sind also Tagtiere. Da sind die Eulen große Ausnahmen. Mögen manche schon in der Dämmerung zu sehen sein, so ist doch die Nacht ihre eigentliche Jagdzeit, sie sind ganz und gar für das Nachtleben eingerichtet, sowohl ihre Sinnesorgane als auch ihr Körperbau. Nur wenn es draußen ganz stockfinster ist und wenn es regnet, müssen selbst Eulen zu Hause bleiben. Für solche Zeiten halten sie stets etwas von ihrer Beute als Vorrat bereit.

Der Uhu, die größte der Eulen, sitzt den Tag über schläfrig in seinem Verstecke, einer Baumhöhle, zwischen Felsen oder auch verborgen zwischen Ästen, wo ihn dichtes Laub schützt. Eulen haben wie die Spechte Wendezehen. Sie können die äußere ihrer drei Zehen nach hinten schlagen und damit vortrefflich klettern. So können auch die Uhus einen Platz aussuchen, wo sie niemand so leicht entdeckt, und weil das Gefieder fast wie Baumrinde oder ein Stück Felswand aussieht, kann man sie nur schwer erkennen. Da hält der Uhu seine Federohren nach unten geschlagen. Die Augen hat er wenigstens halb geschlossen, indem er das untere Augenlid nach oben schlägt. So macht er den Eindruck, als ob er zwar sehr müde wäre, aber doch nicht eigentlich schliefe. Ein schlafender Uhu steckt nämlich nicht, wie die anderen Vögel es machen, den Kopf unter das Gefieder. So bleibt er immer noch ein bisschen wach. Dass Eulen am Tage nichts sehen könnten, ist ein großer Irrtum: wenn sie einmal aufgescheucht werden, fliegen sie gewandt und ohne anzustoßen selbst durch dichtes Gebüsch, sich ein anderes Versteck zu suchen.

Sobald die Nacht hereinbricht, wird der Uhu lebendig. Dann öffnen sich die großen bernsteinorangegelben Augen ganz und weit. Sie sind stark gewölbt, fast kugelförmig, um nur ja recht viel Licht aufnehmen zu können. Die Pupillen erweitern und verengen sich mit jedem Atemzuge. Zum Eulenblick gehört auch, dass beide Augen nach vorn gerichtet sind. Denn nur so können sie gut dreidimensional, also räumlich sehen und können auch im Dunkeln erkennen, wie weit eine Maus entfernt ist. Wenn sie sich unsicher sind, dann schwanken sie mit dem ganzen Oberkörper nach rechts und links, hin und her, immer wieder und können so die Entfernung besser abschätzen.

Durch die beiden nach vorne gerichteten Augen erklärt sich der menschenähnliche Ausdruck im Eulenantlitz. Bei anderen Vögeln blickt bekanntlich jedes Auge nach einer anderen Seite. Ja, die Eulen sind eben ganz besondere Vögel!

Der Uhu fliegt auf den nächsten höheren Baum, Umschau zu halten. Lautlos regen sich die breiten Schwingen. Jetzt lässt er sein schauriges «Uhu, Uhu» oder «Buhu, Buhu» erschallen, das man sehr weit hören kann, aber man kriegt nicht heraus, wo es nun eigentlich herkommt. Bald tönt es wieder aus anderer Richtung, denn der Uhu ist jetzt ein Stück weiter auf einen anderen Baum geflogen. Nicht viele Menschen haben draußen den Uhu gehört, weil er heute bei uns schon sehr selten ist. Er sucht meist ausgedehnte Bergwälder mit Felsklippen und Bachläufen auf, kommt aber auch in urwaldartigen Wäldern im Flachland vor, auch in den Felswüsten Nordafrikas. Früher war er fast in ganz Europa, Nordafrika und weit nach Asien hinein verbreitet. Aber selbst wer neben einem Wald lebt, in dem der Uhu brütet, hat ihn vielleicht noch nie gesehen, weil er tagsüber so versteckt lebt.

Nachts dagegen sind die Uhus munter, und man kann sie ab Ende Oktober, den Winter hindurch bis in den Februar rufen hören, besonders wenn sie sich paaren. Da geht es in den nächtlichen Wäldern zu, als ob der wilde Jäger sein Wesen treibe. Wer sich fürchtet, darf dann nicht in den Wald gehen. Wolken jagen über den Himmel,

ab und zu kommt der Mond hervor, Sturm braust durch die Wipfel der Bäume, und immer wieder mischt sich das «Buhu, Buhu» dazwischen. So geht es die ganze Nacht bis zum Morgengrauen. Nein, es ist nicht der wilde Jäger, es sind nur die aufgeregten Uhus. Warte nur, bis der Tag anbricht, dann wirst du Ruhe geben, alter Uhu!

So laut ihre Rufe sind, so leise, ja unhörbar fliegen sie. Völlig geräuschlos kann ein so großer Vogel wie der Uhu fliegen – mit einer Spannweite wie die weit ausgestreckten Arme eines Mannes! Auch Beutetiere merken es nicht, wenn ihnen ein Uhu über den Kopf hinwegfliegt. Und wenn er plötzlich wieder umkehrt, schlägt er ihnen seine nadelspitzen, gekrümmten Krallen in den Leib. Dann ist jedes Entkommen unmöglich. Das ist eben der wunderbare Eulenflug! Wie lärmend fliegen dagegen Enten oder Tauben oder auch die Taggreifvögel!

Es ist etwas Besonderes um diesen lautlosen Eulenflug: Die breiten, kurzen und gerundeten Eulenschwingen sind an den Kanten höchst fein zerfasert, wie ein feiner Kamm, aber natürlich ganz weich. Auch beim schnellsten Fluge können sie nicht pfeifen, rauschen oder knattern. Wie ein Schatten gleitet die Eule über die nächtliche Erde.

Neben den scharfen, das Nachtdunkel durchdringenden Augen haben die Eulen auch ein überaus feines Gehör. Der große Ohreingang liegt unter den zarten Federn des Gesichtsschleiers verborgen. Ja man muss sogar den Schleier der Eulen, der sich im weiten Bogen um die Augen breitet, als riesengroße Ohrmuschel betrachten. Sonst versteht man das Eulenantlitz nicht. Oft sind die Eulen wegen ihres feinen Gehörs mit Katzen verglichen worden. Auch diese kann das Rascheln einer Maus aus dem Schlafe wecken. Eulen haben noch dazu unter den Federn verborgen eine nach hinten offene, häutige Ohrmuschel. So hören sie auch, was sie schon überflogen haben, und kehren eilig um, die Beute zu schlagen. Vor allem können sie mit ihren beiden Ohren sehr genau die Richtung hören, aus der eine Maus raschelt – ähnlich wie sie das mit den beiden nach vorne gerichteten Augen sehen kann. Die Federohren dagegen, die nur wegen ihres Aussehens Ohren heißen, dienen nicht dem Hören.

Wie sähe ein Uhu aus, wenn er plötzlich seines dicken, weichen Federkleides beraubt würde? Das ist schnell gesagt: erbärmlich dürr und mager! Ein gerupftes Huhn wäre ihm gegenüber wie der prächtigste Vogel. Da sieht man, was die Federn für einen Vogel ausmachen. Nicht der nackte Körper lässt ihn Vogel sein, es ist einzig und allein das volle, weiche, prächtige Gefieder.

Das größte an der Eule ist noch der Kopf, wie man es von solch einem klugen Vogel denn auch erwarten kann. Der Hals ist völlig unter dem Gefieder verborgen, sodass es fast aussieht, als hätte er gar keinen. Natürlich hat er einen, sogar einen sehr wendigen, denn er kann das Gesicht vollständig nach hinten herumdrehen. Ja, wenn man im Zoo um einen Uhukäfig langsam herumgeht und der Uhu einem mit dem Blick und ruckweisem Kopfdrehen folgt, so dreht er diesen schließlich nicht nur ganz nach hinten auf den Rücken, sondern, wenn man noch weiter geht, immer weiter bis auf die andere Schulter. Geht man jetzt allerdings noch ein kleines Stück weiter, so dreht er den Kopf schnell – schwupps! – zurück und einmal ganz und gar um den Körper, bis er einen wieder von vorne anschaut. Probiert es selbst einmal!

Das Schlimmste, was einer Eule am Tage passieren kann, ist, dass sie von anderen Vögeln entdeckt wird. Gibt das ein Geschrei und Gezeter! Der erste Vogel fliegt herum und teilt es auf seine Weise den anderen mit, und alle kommen herbei, den armen Uhu nach Kräften zu beschimpfen. Die Schreier vergessen sogar, ob sie sonst untereinander Freund sind oder Feind. Es ist, als ob sie nur den Uhu sähen. Immer neue Schelter gesellen sich hinzu. Ganz dreiste und mutige wagen es sogar, den Uhu zu zausen, obwohl sie ihm natürlich nichts Ernstes anhaben können. Singvögel, Eichelhäher und selbst Greifvögel sind herbeigekommen, am Schelten und Zanken teilzunehmen. Das muss dem Uhu natürlich zu viel werden. Er erhebt sich und fliegt einfach davon, dorthin, wo ihn die Plagegeister nicht so leicht entdecken können. Dazu sucht er sich eine Baumhöhle oder die im Winter vom Schnee tief herabgedrückten Äste einer Fichte, hinter denen er sich versteckt. Gerade im Winter braucht der Uhu die Nadelbäume!

Wie alle anderen Eulen frisst auch der Uhu ungezählte Mäuse, doch lässt er sich nicht selten auch weit größere Tiere schmecken. Er kann zum Beispiel Vögel bis zur Größe einer Gans schlagen. In seinem Horst finden sich die Reste von Reb-, ja Auerhühnern. Auch Enten, Kaninchen und Hasen sind keineswegs vor ihm sicher, selbst den stacheligen Igel weiß der Uhu zu bezwingen. Im Winter ist auch schon beobachtet worden, dass der Uhu Aas annimmt.

Die Speisekarte kann man nicht nur den Resten an den Nistplätzen ablesen, sondern auch an den nach dem Verdauen ausgespienen Gewöllen. Der Uhu bringt sie unter schrecklichen Anstrengungen aus sich heraus. Dazu sperrt er den Schnabel weit auf. Schon das Fressen bietet einen widerlichen Anblick. Wenn es nur irgend geht, wird die Beute ganz hinuntergewürgt. Von einer Maus sieht man zuletzt nur noch den Schwanz herausschauen. Dann zeigt es die Verdickung des Halses an, wie weit der Riesenbissen schon hinunter ist. Dazu werden gräuliche Grimassen geschnitten, und die Eule tritt vor Anstrengung von einem Bein auf das andere. Größere Knochen, Haare und Federn werden später als Gewölle wieder ausgestoßen.

Sollen Stücke vom Fleisch der Tiere aufgehoben werden – und solche Vorräte sind oft beträchtlich –, so schlägt sie der Uhu in das Fell des Opfertieres ein, damit sie nicht vertrocknen.

Man nennt die Eulen grausam. Sie können blindwütend und jähzornig sein. Nur selten gewöhnen sie sich an den Menschen, der sie pflegt. Dies gilt ganz besonders vom Uhu. Wenn er gereizt wird, stößt er zornige, schnarchende Laute aus, knackt mit dem Schnabel und kichert wütend oder kreischt laut oder faucht. Es kann aber auch vorkommen, dass er seine Schreckstellung einnimmt, wobei er die Flügel halb nach oben richtet, sodass sie mit dem Kopfe zusammen, den drohenden Augen und den gestellten Federohren ein großes, gefährliches Gesicht bilden. Auch die Zeichnung der Flügelfedern passt sich in das Riesen-Schreckantlitz des Uhus ein.

Mit einem Neste macht sich der Uhu nicht besonders viel Mühe. Am liebsten ist es ihm, wenn er gleich eines fertig vorfindet, das früher schon jemand anders gebaut hat, vielleicht irgendein Greifvogel.

Es genügt ihm aber auch eine passende Felsnische, eine Erdhöhle oder einfach Röhricht, seltener ein altes Gebäude. Der Nistplatz wird von Steinchen und Erde befreit, indem der Uhu mit den kräftigen Füßen eine flache Mulde scharrt. Hat er ein altes Greifvogelnest ausgewählt, kann es sein, dass es durch dieses Scharren so arg zerrupft wird, dass schon einmal ein Ei samt dem brütenden Uhu herunterfällt!

Die Eimulde bleibt kahl und wird nicht ausgepolstert, und dann legt das Weibchen seine zwei bis vier fast kugelrunden, weißen, matt glänzenden, aber etwas rauschaligen Eier hinein. Während der Brutzeit muss das Weibchen natürlich vom Männchen gefüttert werden. Die ausgeschlüpften Jungen sind zunächst blind, und die Alten müssen ihnen das Futter in den Schnabel stecken. Da der Uhu keinen Kropf hat, fressen die Jungen von Anfang an das Futter der Alten, ohne dass es ihnen vorverdaut wird. Alle jungen Eulen sehen hässlich aus mit ihren gebogenen Hakenschnäbeln. Kaum können sie es erwarten, bis sie endlich flügge sind. Schon vorher hüpfen sie aus dem Neste heraus und sitzen dann auf Ästen oder Steinen herum, wo sie weiter von den Alten gefüttert werden müssen.

Aber es kommt die Zeit, in der sie sich ein eigenes Jagdgebiet suchen. Ist zum Beispiel früher einmal irgendwo ein Uhu gewesen, den schon lange niemand mehr gehört oder gesehen hat, so findet man doch eines Tages wieder frisches Gewölle, denn ein junger Uhu ist zugeflogen. Immer sind es die gleichen Stellen, wo sich Uhus ansiedeln. Also müssen die Uhus alle darin übereinstimmen, dass dort der passendste und schönste Ort für sie ist, der beste Nistplatz und auch die beste Gelegenheit, im Umkreis etwas zu erbeuten. So nistet in manchen Uhuhorsten seit vielen hundert Jahren jedes Jahr erneut wieder ein Uhu.

Hoffentlich findest du im nächsten Frühling auch ein passendes Weibchen, das dir gefällt und mit dem zusammen du Angsthasen Furcht einjagen kannst, alter Uhu!

Im Vergleich mit dem düsteren, griesgrämigen und ingrimmigen Uhu ist die Schleiereule ein gar heller, freundlicher Vogel. Sie ist längst nicht so menschenscheu wie dieser und nistet sich besonders gern in menschlichen Behausungen, Ställen, Scheunen oder in alten Burgen ein. Im Englischen heißt sie sogar «barn owl», die Scheuneneule. Oft haust sie auch auf Kirchtürmen. Ja, sie ist in vieler Hinsicht schon wie ein Haustier, und wir sollten uns auch um sie wie um ein Haustier kümmern.

Natürlich braucht sie nicht nur eine Scheune, sondern auch viele Felder darum herum. Am liebsten mag sie Landschaften, wo zwischen den Feldern noch alte, knorrige Obstbäume stehen mit Löchern im Stamm, in denen sie sich verstecken kann, mit Hecken und einzelnen morschen Bäumen, mit Bachläufen oder einer prächtigen hohen Allee. Den dunklen Wald hingegen liebt die Schleiereule gar nicht!

Ihr Auge ist im Gegensatz zu dem des Uhus tief dunkelbraun gefärbt. Die Stimme ist ein hässliches, heiseres Kreischen und wird als die hässlichste Vogelstimme überhaupt bezeichnet. Lassen wir uns aber dadurch nicht davon abhalten, sie gern zu haben. Kenner nennen die Schleiereule sogar gutmütig, natürlich für eine Eule gutmütig. Die vielen Mäuse, die sie jede Nacht frisst – es sind meist fünf, wenn sie lange genug gehungert hat, aber auch einmal fünfzehn – finden sie sicher gar nicht gutmütig.

Wer von der Schleiereule sagt, sie sei ein heller, lichter Vogel, denkt auch an ihr Gefieder. Wenn sie nachts zuweilen ganz nahe an einem vorbeifliegt, merkt man natürlich nichts davon. Man sieht höchstens, dass sie ihren Körper hält, als ob sie in der Luft liege, und wie der große Kopf den Schleier trägt. Weil sie selbst so lautlos fliegt, entgeht ihr unten auf der Erde nicht das leiseste Rascheln.

Wer aber könnte ihr schönes Gefieder vollständig beschreiben! Der Oberkörper ist hinten hell silbergrau gefärbt und wie mit kleinen Perlen betupft; Nacken, Hals und Bauch sind in dem hellsten Ocker, ja fast schon aprikosenfarbig gehalten, während Beine und Unterkörper rein weiß sind. Bauch und Unterseite sind mit feinen dunklen Tupfen verziert – fast sieht es aus wie geklöppelte Spitze, so zart wirkt es. Das schönste aber ist der weißliche Schleier des Gesichtes. Er ist wie ein großes helles Herz geformt. Von der Kopfmitte an wölbt sich der Bogen nach beiden Seiten und zieht sich erst unter dem Hakenschnabel wieder zusammen. Außerdem ist er noch dunkel umrandet. Die schönen großen Augen selbst sind noch einmal dunkel umrandet wie von Lidschatten. Schaut sie nun traurig aus ihren Augen, die Schleiereule, oder gar neugierig? Ist es ihr wirkliches Gesicht, oder ist es eine Theatermaske? Wahrhaft drollig aber wird der Ausdruck, wenn die Schleiereule Mäuse verschlingt und dabei die tollsten Gesichter schneidet.

Für die Schleiereule selbst ist jedoch dieser Schleier mehr als eine Zierde: Er ist wie ein riesiges Ohr oder wie ein Schalltrichter für die beiden unter den Federn versteckten Ohren. Sie können unglaublich fein und genau hören – so genau, dass die Jungeulen recht lange brauchen, bis sie es können.

Über den Nestbau der Schleiereule kann allerdings nichts Rühmlicheres gesagt werden als beim Uhu; auch sie sind weder kunstvolle Weber noch Baumeister. Die Niststelle muss wenigstens halbdunkel sein und sie muss ungestört sein. Andere Vögel scheinen die Schleiereulen nicht zu stören, denn es kommt sogar vor, dass sie sich in Taubenschlägen einrichten und dort ihre Jungen ausbrüten, ohne dass der geringste Unfriede entsteht, wenn am Tage die Tauben und nachts die Eulen aus- und einfliegen.

Weil aber Kirchtürme, Dachstühle und Scheunen heute meist mit Draht, Gittern oder Ziegeln verschlossen werden, finden die Schleiereulen oft keinen Brutplatz mehr und sind sehr selten geworden. Wir können ihnen eine Luke offen lassen. Sie brauchen nicht mehr als einen Dachbalken, um zu brüten. Noch besser ist natürlich ein ganzer Nistkasten, den man in das Dachgeschoss hängt, er muss aber mindestens einen Meter lang sein!

Das Nest wird nicht besonders gepolstert. Aber wenn es mehrere Jahre lang benutzt worden ist, ist der Boden von vielen trockenen Gewöllen bedeckt. Dort legt das Weibchen meist sechs längliche, mattweiße Eier.

Die ausgeschlüpften Jungen können in der ganzen Scheune oder auf den Dachbalken herumhüpfen, wie sie wollen. Dort werden sie von ihren Eltern gefüttert. Solange die Eltern nicht da sind, schreien die Jungen laut, was sich für uns wie starkes Schnarchen anhört. Am lautesten schnarcht das Kräftigste und am besten Gefütterte. Sobald aber die Eltern mit einer Maus erscheinen, wird das Kräftigste still und lässt die anderen, hungrigeren Geschwister rufen, sodass diese als Erste gefüttert werden. So sorgen die Jungen füreinander. Ja, manchmal füttern sie sich auch gegenseitig.

Auch wenn sie schon flügge geworden sind, kehren sie tagsüber in die Scheune zurück, oder sie suchen sich einen hohlen Baum, um den Tag zu verschlafen.

Eines Tages schaute ich einmal auf der Suche nach Hirschkäfern in einen solchen hohlen Baum. Was meint ihr, was ich für einen Schreck bekam, als plötzlich eine große aufgeschreckte Schleiereule mit breiten weißen Flügeln völlig lautlos wenige Zentimeter vor meinem Gesicht herausflog!

Schleiereulen warten bei der Jagd gerne auf einem Baum und horchen um sich. Dort wo es keine Bäume, keine Hecken oder Alleen mehr gibt, sitzen sie dann auf den Leitpfosten und Leitplanken der Straßen, wenn dies die höchsten «Horchposten» sind. Leider wird ihnen die Straße nur allzu oft zur tödlichen Falle, wenn sie dort eine Maus fangen und ein schnelles Auto naht. Auch deshalb sind Schleiereulen sehr selten geworden!

Man hat die Eulen mit Papageien verglichen. Wenn man sie klettern sieht und die krummen Schnäbel betrachtet, kommt einem der Vergleich treffend vor, doch muss man bedenken, dass Papageien Tagvögel sind, Eulen dagegen Nachttiere, weshalb denn auch die allermeisten von ihnen nicht bunt wie Papageien sind, sondern unscheinbar aussehen wie Baumrinde oder Steine.

Die Schleiereulen allerdings machen darin eine Ausnahme. Wir können sie schon deshalb lieben, weil sie so schön aussehen!

Schimpansen

Sicher hat jeder von euch schon einmal Schimpansen gesehen, im Zoo oder im Zirkus, vielleicht auch nur auf Bildern oder im Film. Vielleicht habt ihr über sie gelacht, über ihre komisch wirkenden Streiche oder auch darüber, wie ähnlich sie uns Menschen sehen, es aber doch nicht sind.

So gut wir Schimpansen im Zoo auch seit langem kennen, so wissen wir doch über ihr Leben in ihrer Heimat erst seit kurzem etwas. Denn früher hat man Schimpansen nur gefangen und nach Europa gebracht, und dadurch weiß man ja noch nicht viel über sie. Man muss zu ihnen hingehen, um sie kennen zu lernen, in die Urwälder Afrikas, man muss bei ihnen leben und ihr Vertrauen gewinnen, um an ihrem versteckten Leben teilnehmen zu können.

Die Erste, die sich dieses zutraute, war eine junge Frau, die gerade mit der Schule fertig, unbedingt nach Afrika wollte, um mit den Tieren dort zu leben. Jane Goodall, so hieß die junge Frau, erhielt die Gelegenheit, in den Regenwäldern am Tanganjikasee in Tansania Schimpansen zu beobachten. Es gibt keine Straße dorthin, und so kam sie mit einem der kleinen hölzernen Boote, die an dem Ufer des Tanganjikasees wie Wasserbusse entlangfahren und baute ihr Zelt an seinem Ufer, am Rande des Regenwaldes auf.

Sie war begeistert von dem schönen Strand, dem weiten Blick über den See bis ans andere Ufer nach dem Kongo, begeistert auch von dem dichten grünen Regenwald mit seinen vielfältigen Vogelstimmen und laut schrillenden Zikaden. Als sie sich jedoch auf die Suche nach den Schimpansen machte, verließ sie beinahe der Mut: Meist waren die Schimpansen gar nicht zu sehen, und als sie doch das erste Mal auf der anderen Talseite, über 500 Meter weit entfernt, im Fernglas eine Gruppe entdeckte, hatten diese sie schon lange bemerkt und ver-

schwanden nun einer nach dem anderen im dichten Laub des Regenwaldes. Wie soll man aber Schimpansen beobachten und erforschen, wenn sie schon bei einer Entfernung von 500 Metern fliehen? Hilft doch selbst das beste Fernglas nicht, um den dichten, grünen Regenwald zu durchdringen. War alles umsonst?

Die meisten hätten an ihrer Stelle wohl aufgegeben. Das tat Jane Goodall aber nicht. Täglich ging sie in den Regenwald und erstieg die Berghänge, wo nur noch buschiges Gras wächst. Und bald sah sie fast täglich Schimpansen. Da sie nie Krach machte, immer die gleiche Kleidung trug und die Schimpansen nie erschreckte, gewöhnten die Tiere sich allmählich an den Anblick dieses seltsamen zweibeinigen «Affen» mit dem blonden Pferdeschwanz.

Jetzt begann sie vorsichtig ihnen zu folgen, in gehörigem Abstand, damit sie keine Angst bekämen. Das war sehr schwierig, denn das Unterholz des Regenwaldes ist dicht und voller Dornen und Lianen. Die Schimpansen schlüpften einfach hindurch, ohne auch nur langsamer zu werden, und waren dann schnell verschwunden. Jane Goodall aber hielten die Lianen an den Schnallen der Schuhe, am Fernglas und an den Haaren fest, die Dornen zerkratzten Kleidung, Haut und Gesicht.

Trotzdem folgte sie viele Monate lang täglich den Schimpansen, bis auch diese neugierig wurden. Und eines Tages kam auf einer Lichtung ein ausgewachsener Schimpanse vorsichtig auf sie zu, immer näher. Jane Goodall blieb regungslos. Schließlich war er ganz nahe herangekommen. Sie hatte keine Angst, obwohl er fast so groß war wie sie, sicher achtmal so stark und ein gewaltiges Gebiss hatte. Sie rührte sich nicht, bis er schließlich seine Hand ausstreckte und sie vorsichtig berührte.

Da wusste Jane Goodall: sie hatte es geschafft! Seitdem erforscht sie seit über dreißig Jahren die Schimpansen, und das meiste, was wir wissen, stammt von ihr und ihrer Forschungsstation.

Man muss sehr früh morgens, noch im Dunkeln aufbrechen, wenn man Schimpansen beim Aufstehen beobachten will. Sie schlafen hoch oben in einem Baum, wo sie sich am Vorabend ein Nest gebaut haben, indem sie einige Zweige über einem starken Ast geschickt zusammengebogen und geknickt haben. In drei Minuten haben sie sich so ein bequemes Nest für die Nacht gebaut. Jeder hat sein eigenes Nest. Nur die ganz kleinen Schimpansenkinder schlafen mit in Mutters Nest.

Wenn sie aufgewacht sind, klettern sie vom Baum herunter und ziehen zu mehreren durch den Regenwald auf der Suche nach einem Frühstück. Das Frühstück gibt es fast jeden Morgen anderswo, je nachdem, welcher Baum gerade saftige Früchte oder reife, harte Nüsse trägt, bei welchen Palmen gerade frisches Mark in den Palmwedeln reift – was wohl so ähnlich wie Zuckerrohr schmeckt, jedenfalls für Schimpansen; für uns schmeckt es fast nach nichts – oder welche Bäume gerade aromatische Knospen tragen. Denn im Regenwald ist es anders als bei uns, wo die Apfelbäume und Haselsträucher stets im Herbst Früchte tragen. Der eine Baum kann im Januar, der andere im April fruchten. Ja, manchmal blüht der eine Ast eines Baumes, der andere aber erst später. Denn es gibt dort keinen Winter und es bleibt immer warm.

So können die Schimpansen morgens mehrere Stunden durch den Wald ziehen. Und wenn sie einen leckeren Baum gefunden haben, stürzen sie sich mit Freudenschreien darauf.

Manche Nüsse aber sind so hart, dass sie diese sogar mit ihrem starken Gebiss nicht aufknacken können. Dann suchen sie sich einen harten Holzknüppel, legen die Nuss auf einen Stein und schlagen wie mit einem Hammer darauf. Es ist sehr schwierig, genau zu treffen, und die Kleinen brauchen lange, bis sie es von der Mutter gelernt haben.

Früher dachte man, nur Menschen würden Werkzeuge benutzen. Aber da sind uns die Schimpansen doch sehr ähnlich, auch wenn ihre Werkzeuge noch sehr einfach sind.

Ein weiteres Werkzeug benutzen sie, wenn sie an einen Termitenhügel kommen. Die Termiten verstecken sich nämlich sofort im Inneren ihres steinharten Baues, sodass die Schimpansen nicht daran kommen. Da Termiten aber sehr lecker schmecken – jedenfalls für Schimpansen – reißen sie sich einen Grashalm ab, bringen ihn auf die richtige Länge und stecken ihn in einen der Eingänge des Termitenbaues. Die Termiten packen jetzt den vermeintlichen Eindringling mit ihren Kiefern und lassen ihn nicht mehr los. Dann ziehen die Schimpansen das Stöckchen mit den festgebissenen Termiten wieder heraus und schlecken diese genüsslich ab – eine Art Termitenangeln!

Ganz selten machen Schimpansen auch Jagd auf größere Tiere, zum Beispiel auf die Jungen der Buschböcke, der kleinen Antilopen, die im Regenwald leben. Das ist dann ein besonderes Fest, und der erfolgreiche Jäger hütet seine Beute sorgfältig und gibt nur seinen guten Freunden etwas ab.

Schimpansen leben in Gruppen von etwa fünfzig zusammen in einem Gebiet, das sie genau kennen. Jenseits ihres Gebietes lebt dann die nächste Gruppe, von denen aber nur Einzelne ganz selten in das fremde Gebiet kommen dürfen, niemals die ganze Gruppe. Deshalb wird die Grenze auch gut bewacht.

Schimpansen einer Gruppe kennen sich untereinander sehr gut. Sie ziehen aber fast nie alle gemeinsam los. Meist sind nur Einzelne zusammen unterwegs: Mütter mit ihren Kindern, zwei erwachsene Brüder oder Freunde, manchmal auch ein größerer Trupp befreundeter Männer.

Einer der stärksten erwachsenen Männer ist der «Chef» der Gruppe. Er wird von allen anderen respektiert und er entscheidet beispielsweise, wann es Patrouillen an der Grenze geben muss, oder er kann Streit zwischen den anderen schlichten. Wenn andere starke Männchen auftauchen, kann er ihnen klarmachen, dass er der Chef ist: Er stampft mit den Füßen auf den Boden, schlägt mit aller Kraft an Baumstämme, dass es dröhnt, und schleudert Steine, die herumliegen. Er richtet sich auf und schüttelt Bäume und Sträucher und brüllt lauthals. Sein Fell sträubt sich und er wirkt mächtig und gefährlich. Manchmal packt und schüttelt er auch einen der anderen Männer, der sofort laut und panisch aufgeregt schreit, obwohl er dabei gar nicht verletzt wird.

Durch dieses Imponiergehabe weiß jeder in der Gruppe, wer der Stärkste ist, und meistens können so ernsthafte Kämpfe vermieden werden. Diese könnten bei der gewaltigen Kraft und dem scharfen Gebiss der Schimpansen nämlich oft blutig oder gar tödlich enden!

Ganz schnell wird es danach wieder ruhig und alle beginnen sich gegenseitig zu kraulen, zu «groomen», wie man auf englisch sagt. Dabei wird einerseits das Fell gesäubert und gepflegt, andererseits wirkt es angenehm und entspannend – vielleicht so wie für uns eine Massage.

Wenn alle Schimpansen einer Gruppe so friedlich und entspannt sind, kommen auch die kleineren Kinder dazu und spielen mit ihren älteren Geschwistern. Oft wollen sie auch mit den Erwachsenen spielen, die dann auch gerne mitmachen. Sie jagen und kitzeln sich gegenseitig und lachen ihr Schimpansenlachen, das zwar anders klingt als unseres, nämlich schnaufend und grunzend, aber doch ein echtes Lachen ist, und das oft so zwerchfellerschütternd ist, dass sie nach Luft japsen müssen!

Jede Schimpansenmutter passt gut auf ihr Kind auf. Und sollten andere ihm auch nur unabsichtlich wehtun und es zum Weinen bringen, drohen sie demjenigen oder schlagen ihn sogar. Vier Jahre lang trinken die Kleinen bei ihrer Mutter, sie lernen allmählich, was man essen kann und wie man es findet. Erst dann kann die Mutter das nächste Kind bekommen, und die älteren Geschwister lernen, wie man sich um die ganz Kleinen kümmert. Zieht die Gruppe weiter, klammert sich das Kleine in das Bauchfell der Mutter und muss sich nun gut festhalten, wenn es geschwind bergauf und bergab, über Bäche und in Sprüngen Bäume hinauf geht. Wird es größer, versucht es auf dem Rücken der Mutter zu reiten, rutscht aber anfangs doch noch oft herunter und muss mit sanfter Hand wieder hinaufgeschoben werden.

Ohne ihre Mutter können Schimpansenkinder nicht leben. Stirbt die Mutter, so stirbt auch das Kleine. Nur wenn es eine große Schwester hat, die es sorgsam aufnimmt, oder eine Tante und wenn es schon Blätter und Früchte essen kann, kann es überleben. Manchmal spielen Schimpansenkinder nicht nur untereinander, sondern auch mit den Kindern der Paviane, die ebenfalls im Regenwald leben.

Da Schimpansen sehr stark sind, haben sie nur einen Feind, den sie fürchten: den Leoparden. Dieser greift manchmal Schimpansen an, wenn sie alleine sind. Einzeln können sich diese gegen die Pranken und das scharfe Gebiss des Leoparden nur ganz kurz verteidigen. Deshalb schreien sie, so laut es geht, um die anderen zu Hilfe zu rufen. Wenn diese rechtzeitig eintreffen, vertreiben sie den Leoparden alle gemeinsam mit Knüppeln und Steinwürfen.

Noch viel gefährlicher als der Leopard sind aber die Wilderer. Manche Wilderer jagen Schimpansen, um sie lebend oder als Fleisch zu verkaufen. Andere stellen Fallen und Schlingen aus Draht, um Antilopen zu fangen. Gerät ein Schimpanse in eine solche Drahtschlinge, so schneidet sie in sein Hand- oder Fußgelenk ein. Mit seinen scharfen Eckzähnen versucht er die Schlinge zu entfernen, aber nicht immer gelingt dies. Oft entzündet sich die Wunde und eitert, und manchmal sterben die Schimpansen daran. Die anderen begleiten sie, versuchen zu helfen und trauern lange, wenn einer stirbt.

Noch gefährlicher ist es aber, wenn Holzfäller die Bäume fällen. Denn ohne den Urwald können Schimpansen nicht leben. Nur wenige Schimpansen leben in Schutzgebieten und sind so geschützt und sicher, viele aber leben in Wäldern, die rücksichtslos geplündert und abgeholzt werden.

Um diesen Tieren, die uns so ähnlich sind, zu helfen, müssen wir also zuallererst die Regenwälder schützen und erhalten und die Wilderer an ihrem Handwerk hindern! Dafür kämpft Doktor Jane – wie Jane Goodall auf der ganzen Welt genannt wird – heute, und sie hat auch eine kleine Insel im Viktoriasee für all die kleinen Schimpansenwaisenkinder eingerichtet, die sterben müssten, wenn niemand sich um sie kümmerte. Jeder, der will, kann Dr. Jane dabei helfen!

Sieben Schneckengeheimnisse – Von der Weinbergschnecke

Die Schnecken gehören zu jenen Tieren, welche oft mit Geringschätzung, ja mit Ekel betrachtet werden, es sei denn, sie würden, wie in Frankreich und Spanien, als Delikatesse verspeist. Die Weinbergschnecke ist eine Gehäuseschnecke. Zum Aufbau ihres Gehäuses braucht sie Kalk. Deshalb kommt sie in kalkreichen Gegenden besonders häufig vor.

So unscheinbar sie selbst sein mag, sie hat doch herrliche Verwandte, große Meeresschnecken mit prächtiger Färbung und Zeichnung auf dornig gezackten Häusern, welche noch außerdem innen wie Perlmutt glänzen. Hält man eine ans Ohr, so hört man sein eigenes Blut darin rauschen und sagt dann wohl, es sei Meeresrauschen, welches geheimnisvoll im Gehäuse nachklinge. Oft werden solche Schnecken fälschlicherweise auch Muscheln genannt, doch haben Muscheln bekanntlich keine Häuser, sondern nur zwei Schalen, die durch ein Gelenk beweglich zusammenhängen. In den Muscheln können sich die kostbaren Perlen bilden, die Schnecken dagegen haben nur ihre hauchdünne Perlmuttschicht auf der Innenseite des Gehäuses, doch keine Perlen.

Wer Schnecken verstehen will, muss wissen, dass sie eigentlich alle Wassertiere sind, auch wenn sie auf dem Lande herumkriechen. Die prächtigsten kommen in südlichen Meeren vor. Da ist unsere Weinbergschnecke mit ihrem gelbbraunen Gehäuse und der dunkleren Bänderung denn doch ein recht unscheinbares Geschöpf. Meistens sieht man kaum, dass sie eine Zeichnung hat.

Und dennoch ist das Schneckenhaus das merkwürdigste und zugleich wunderbarste Naturgebilde, das man sich denken kann. Ist es etwa nur ein umgewandelter Knochen? Nein, das ist es nicht! Es ist eben ein Haus, wie schon sein Name sagt. Es wohnt ja auch jemand darin, und der darin wohnt, hat es selbst aufgebaut. Er kann heraus- und hineinschlüpfen, aber weil er daran angewachsen ist, muss er sein Haus überall mit herumschleppen wie einen Rucksack. Im Hause verborgen stecken auch die inneren Eingeweide der Schnecke. Manche der herrlichen Meeresschnecken haben viel dickere und daher viel schwerere Häuser, aber das Meer hilft ihnen, sie zu tragen.

Je größer die Schnecke wird, desto größer muss nun natürlich auch ihr Haus werden. Es hat nur eine einzige Kammer und die ist in einer Schneckenlinie gewunden. So muss sich denn auch die Schnecke darin winden, bis sie schließlich vorn herausschaut. Herrliches Geheimnis, du gewundenes Schneckenhaus!

Zuweilen findet man alte Schneckenhäuser, in denen keine Schnecke mehr wohnt. Nimmt man eine Laubsäge und sägt eines von oben herunter durch, was sieht man dann? Zunächst, dass das Haus in der Mitte eine Wendeltreppe, oder richtiger, eine Spindel hat. Diese aber ist hohl, woraus eben hervorgeht, dass das ganze Schneckenhäuschen eigentlich nichts anderes ist als ein gewundenes Rohr. An der Spitze ist es eng, nach unten wird es immer weiter. Aber es ist doch schneckenförmig aufgewickelt. Solange die Schnecke noch wächst, setzt sie immer neue Bänder vorn an das Haus an. Sie sind zunächst sehr dünn und zerbrechlich; ist aber die Schnecke ausgewachsen, so verdickt sie auch den Rand ihres Hauses und lässt ihn etwas nach außen gehen. Dies ist dann der «Mund» des Schneckenhauses. So schwitzt die Schnecke ihr Haus aus und den Kalk, den sie dazu braucht, nimmt sie mit der Nahrung auf. Manchmal kann man Schnecken hoch an Wänden kriechen sehen, wo sie sich Kalk von Mörtel und Wänden abnagen. Je nachdem, was die Schnecke findet, wächst ihr Haus zuweilen in unregelmäßigen, dickeren oder dünneren Querstreifen.

Das Haus ist also das erste Schneckengeheimnis und gewiss nicht das geringste. Das zweite und das dritte handeln davon, wie Schnecken kriechen. Sie haben ja keine Beine, nur einen Fuß, wie man sagt, mit einer Kriechsohle. Man könnte es aber ebenso gut eine Zunge nennen, auf welcher die Schnecke herumfährt und welche sie herausstrecken und wieder einziehen kann. Vorn am Kopf hat die Schnecke zwei Fühlerpaare. Wenn sie kriecht, ist es fast, als fließe sie dahin, man hört nicht das Geringste und nimmt keine Bewegung an ihr wahr. Lässt man sie aber auf einer Glasplatte kriechen, so kann man die schönen Wellen sehen, welche über die Sohle hinziehen. Auch an Wasserschnecken im Aquarium kann man dies leicht beobachten. Langsam und ruhig zieht eine Welle hinter der anderen her, und jedes Mal, wenn ein Wellenschlag von hinten ausgeht, verkürzt sich der Fuß kaum merklich, und wenn die Welle vorn ankommt, streckt sich die Schnecke wieder. So entsteht das ruhige Dahingleiten.

Dieses ist das zweite Geheimnis und das dritte gehört dazu. Eine Schnecke steht nämlich gar nicht richtig auf der festen Erde. Es ist, als ob sie auf einem ganz kleinen See schwimmen würde, einem See, den sie immerfort vor sich selber hinbreitet, indem sie ihren Schleim ausscheidet. Dieser Schleim verbindet sich zwar fest mit der Erde, doch nicht mit der Schnecke. Selbst dann, wenn er getrocknet ist, haftet er am Boden, und man kann ihn dort glänzen sehen. So macht es der Schnecke gar nichts aus, ob sie auf glattem oder rauem Untergrunde ihre Straße zieht, denn sie gleitet ja nur auf ihrem eigenen Schleim dahin. Sie kann steile Wände emporsteigen oder an der Decke kriechen. Selbst auf Sägemehl gleitet sie ungehindert fort.

Das ist doch wirklich eine Überraschung für alle, die es noch nicht wussten, dass keine einzige Schnecke je den Erdboden mit ihrem Fuße berührt. Es ist schon ein Schneckenwunder! Bei den Meeresschnecken kann man es ja leichter verstehen, aber bei den Landschnecken? Sie nehmen eben ihren winzigen See überallhin mit, um darauf zu schwimmen. Ihr See ist ihr Schneckenschleim. So und nicht anders ist es.

Muss man sich also wundern, dass bei Dürre und Sonnenglut keine Schnecken unterwegs sind? Sie wandern nur bei feuchtem Wetter, besonders nachts umher. Sonst würde ihr mitgebrachter See austrocknen und sie selbst mit dazu. Wenn sich Wasserbewohner auf das trockene Land wagen, müssen sie schon sehr vorsichtig sein!

Das vierte Geheimnis handelt von den Sinnen und den Sinnesorga-

nen der Schnecken. Natürlich kann man von solch einfachen Tieren wie den Schnecken nicht erwarten, dass sie ebenso vollkommene Sinne haben wie der Mensch. Aber sie haben doch alle haargenau diejenigen Sinne, die sie brauchen, um herumzukriechen und Blätter zu suchen. Die beiden Augen an den großen Fühlern sind gewaltig kurzsichtig. Doch für eine langsame Schnecke reichen sie vollkommen. Manchmal allerdings stößt sie irgendwo an, obwohl sie so ungeheuer langsam ist. Nähert man sich ihr aber mit dem Finger, so fährt sie schon zusammen, noch ehe man sie überhaupt berührt hat, und stülpt die Augentaster wie Handschuhfinger nach innen. Sie kann es, weil die Fühler oder Taster hohl sind. Ihr Tastsinn, der sich über den ganzen nackten Körper hinzieht, muss außerordentlich fein sein.

Sie hat ihre Lieblingsspeisen, diese Weinbergsschnecke, wie zum Beispiel Kohlblätter, und sie weiß sie zu finden. Versuche mit Schnecken haben ergeben, dass die Fühlerspitzen gleichzeitig auch Riechorgane sind. Den Geschmack hat sie natürlich im Munde auf der Unterseite des Kopfes, und wenn bei Schnecken überhaupt von Gehör gesprochen werden kann, so wird es wohl wieder die nackte Haut sein, die so fühlen kann. Ohren haben Schnecken freilich nicht. Wenn man eine Schnecke ist, hat man es wohl gar nicht nötig, dass alle Sinne schon so genau unterschieden sind. So heißt es ja in Goethes «Faust»:

Siehst du die Schnecke dort? Sie kommt gekrochen;
Mit ihrem tastenden Gesicht
Hat sie dir schon was abgerochen.

So wenig man es bei den nassen, kühlen Schnecken nun für möglich halten sollte, so wahr ist es doch, dass sie wärmeempfindlich sind und Wärme nicht nur lieben, sondern sie nötig brauchen, und da Weinstöcke immer an den wärmsten Orten angepflanzt werden, kommen dort die meisten Schnecken vor.

Die Weinbergschnecke hat ja sogar ihren Namen daher, dass sie in Weinbergen besonders häufig zu finden ist. Außerdem sind Weinberge oft auf kalkhaltigem Boden angelegt, wie ihn die Schnecken lieben. Es darf nur nicht zu trocken sein. Regnet es im Sommer längere Zeit nicht, oder wird es zu heiß, so kommen die Schnecken in Gefahr, ebenfalls zu vertrocknen. Aber sie ziehen sich in ihr sicheres Häuschen zurück und warten, bis es wieder regnet. Das ist dann ihr Sommerschlaf. Vorher kriechen sie unter ein Blätterdach, wo es schön schattig ist. Dann scheiden sie vor ihrer Gehäuseöffnung Schleim aus, der sogleich fest wird. So können es die Schnecken monatelang aushalten, manche Wüstenschnecken sogar jahrelang.

Das fünfte Geheimnis ist der Schneckenmund. Sie hat auch Lippen, diese gefräßige Schnecke, und sogar Zähne. Diese winzig kleinen Zähnchen sitzen alle auf ihrer Zunge, viele in einer Reihe und viele Reihen hintereinander. Die Schneckenzunge liegt gut versteckt im Mund, ziemlich in der Mitte des Schneckenfußes, und kommt nur hervor, wenn die Schnecke etwas abraspeln will, etwa von einem alten Blatt. Dann presst sie die Reibezähnchen gegen das Blatt und bewegt die Zunge vor wie ein Raspeleisen, dann zurück und immer wieder von vorne. Das Abgeraspelte schluckt sie hinunter. So raspelt sie das Blatt klein.

Mit einem Vergrößerungsglas kann man gut sehen, dass die Zähnchen der Schneckenzunge in einer wunderbaren Ordnung stehen, fast wie die Schuppen der Tannenzapfen. So sorgfältig sind sie gebildet, dass die Schneckenforscher sogar die Schneckenarten danach einteilen können. Ist es nicht merkwürdig, dass Tiere nach ihren Zungen eingeteilt werden? Die Schnecken haben eben nichts Festes an sich. Darum heißen sie auch Weichtiere.

Das sechste Geheimnis ist, wie die Schnecken atmen. Ihre Lunge

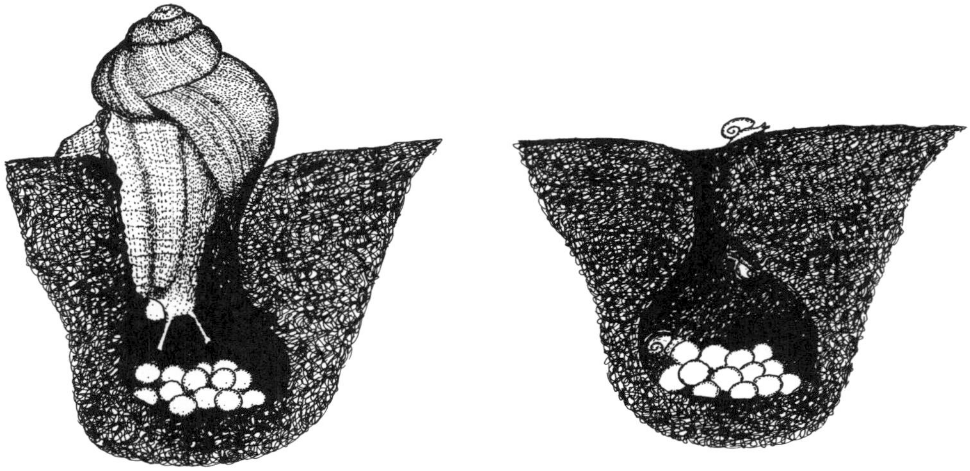

liegt unter dem Gehäuse verborgen, aber man sieht doch das Atemloch; die Schnecke hat nur eines. Es führt zur Atemhöhle, auch Mantelhöhle genannt. Die Schnecke kann es zumachen und wieder öffnen, doch sind dies nicht etwa ihre Atemzüge, denn eine Schnecke macht gar keine. Sie lässt die Luft einfach in sich hinein- und wieder herausströmen. Wer sich so langsam bewegt wie eine Schnecke, der kommt niemals außer Atem. Da genügt es schon, wenn er eine Schneckenlunge hat.

Die Fortpflanzung der Weinbergschnecke ist ihr siebtes und letztes Geheimnis, das hier betrachtet werden soll. Weinbergschnecken legen nämlich Eier, und zwar weißliche. Und weil es eben Schneckeneier sind, haben sie auch schon eine dünne, kalkhaltige, pergamentene Schale. Jedenfalls für eine Schnecke sind diese Eier sehr groß, so groß wie kleine Erbsen nämlich. Bedenkt man dazu, dass eine Schnecke bis sechzig Eier hintereinander legt, so ist dies wirklich eine Glanzleistung für sie. Da nun solch ein Gelege bestimmt viele Liebhaber finden würde, ist es sinnvoll, dass die Schnecke zunächst einmal ein Loch in die Erde gräbt. Das ist allerdings eine schwierige Aufgabe für sie, und sie braucht gute zehn bis zwölf Stunden dazu, weil sie kein anderes Werkzeug hat als ihren weichen Fuß. Ist die Grube schließlich zehn Zentimeter tief, so fängt das Eierlegen an. Erwischt man eine Schnecke beim Eierlegen, sitzt sie zur Hälfte schon in ihrer Grube darinnen. Ja, es ist eine mühselige Arbeit, solch große Eier zu legen und es dauert wieder viele Stunden, denn die Eier folgen sich in Abständen von einer halben Stunde. Doch Schnecken haben bekanntlich Zeit, viel Zeit. Zuletzt scharrt sie ihre Brut sorglich zu und – kümmert sich überhaupt nicht mehr darum. Nach dreißig Tagen aber ist es so weit: aus den Eiern kriechen winzig kleine Schneckchen hervor, mit einem winzig kleinen Häuschen auf dem Rücken.

Welch ein Glück, dass es nicht jeder jungen Schnecke vergönnt ist, zu einer großen heranzuwachsen. Dann würde ja eine jede wieder sechzig Eier legen. Die Erde müsste von großen und kleinen Schnecken nur so wimmeln, und bald wären alle Blätter aufgefressen. Aber Mutter Natur hat eine andere Rechnung gemacht. Sie hat schon an die vielen hungrigen Mägen jener Tiere gedacht, die Schnecken fressen wollen, große oder kleine. Die Amseln zum Beispiel knacken zuerst an einem Stein das harte Gehäuse auf. Darum findet man manchmal Steine, wo lauter zerbrochene Schneckenhäuser herumliegen. Die Amsel sucht sich nämlich zum Aufknacken immer die gleichen Steine aus. Andere Schneckenvertilger sind Stare, Singdrosseln, Spitzmäuse usw. In der Natur hat eben jedes Ding sein Maß und sein Ziel.

Wird es schließlich für ein Tier, das so nackt wie eine Schnecke herumkriechen muss, zu kalt, so sucht es sich ein Versteck aus, wo es überwintern kann. Da zieht sich nun die Schnecke tief in ihr Häuschen zurück und schläft. Vorher aber scheidet sie nochmals Kalk aus und macht daraus einen widerstandsfähigen Deckel. Es können aber auch mehrere solcher Deckel hintereinander sein, wenn sich die Schnecke immer weiter zurückzieht. So überwintert die Weinbergschnecke in einem Erdloch, mit dem Deckel nach oben. Nur ein winziges Atemloch wird offen gelassen. Wird es dann Frühling und besteht keine Frostgefahr mehr, so stößt die Schnecke den Deckel ab und kommt wieder aus ihrem Häuschen heraus. Die Deckel aber findet man überall herumliegen. Wer sie aufhebt, kann untersuchen, wie zerbrechlich sie sind und welch schöne Form sie haben.

Sieben große Geheimnisse also sind es, welche die Weinbergschnecke uns lehrt. Welches aber ist das größte? Keines oder alle! Wer könnte es wohl sagen, denn jedes Mal ist dies das größte, das man gerade bewundert.

Schnecklein war ins Haus gegangen,
hatt´ es richtig angefangen;
denn da draußen allerorten
war es mächtig kalt geworden.

Schnecklein macht den Deckel zu
und begann die Winterruh,
ließ die Stürme eisig blasen
und von Nord nach Süden rasen.

Schnecklein aber rührt sich nicht,
bis der Lenz die Scholle bricht.
Schon beim Morgensonnenblitzen
Fängt das Schnecklein an zu schwitzen.

Komm heraus, du alte Schnecke,
warst schon lange im Verstecke,
reit auf deinem Schleimespfad
hin zu Nachbars Kopfsalat!

Gerbert Grohmann

Schwalbenschwanz

Im Sommer, wenn endlich viele Tage lang die Sonne scheint und es warm geworden ist, sind im Garten nicht nur die bepelzten Bienen und Hummeln unterwegs und summen und brummeln von Blüte zu Blüte, sondern auch die Schmetterlinge: Leicht und beschwingt schweben sie lautlos von einer Blüte zur anderen. Aber sie sind wählerisch und nicht alle Blüten mögen sie gleichermaßen. Am liebsten sitzen sie auf den dunkellila oder hellvioletten Blütenrispen des Sommerflieders, wo sich oft so viele versammeln, dass dieser auch Schmetterlingsstrauch genannt wird. Tief tunken sie ihr Köpfchen mit dem langen Saugrüssel in die schmalen violetten Blüten ein, um an den süßen Blütennektar zu gelangen. Haben sie die Blüte leer gesogen, so rollen sie den Rüssel zu einer Spirale auf, trippeln ein paar Schritte und tunken ihn in die nächste. Oder sie fliegen ein paar Flügelschläge weit zur nächsten Blütenrispe und beginnen von neuem.

Weißlinge kommen dort häufig hin, weiße Schmetterlinge mit schwarzen Flügelspitzen und kleinen schwarzen Tupfen, oder ein fuchsbrauner Schmetterling mit schwarzem Muster und gelben und weißen Tupfen, der Kleine Fuchs, bei dem man aus der Nähe auch eine ganze Reihe hellblauer Flecken, die «Augen» entdeckt. Aufgeregt über so viele süße Blüten wippen und schlagen sie mit den Flügeln, sodass man ihre Unterseite, die wie dunkle Baumrinde aussieht, erkennt. Auch Pfauenaugen finden sich ein, große dunkelbraune Falter mit vier großen, verträumten blauen und gelben Augen auf den Flügeln, fast wie ein Pfau mit seinen tausenden von Augen auf den Federn. Natürlich können beide mit diesen Augen nichts selber sehen, sondern nur aussehen.

Inmitten dieser Weißlinge, Füchse und Pfauenaugen erscheint

plötzlich ein ganz fremder Falter: blendend hellgelb und dunkelschwarz und doppelt so groß wie die Kleinen Füchse. Schwarze und hellgelbe, schwungvolle Muster wechseln auf ihm ab, aber auf dem Schwarz ist auch immer ein Hauch von Gelb, wie feinster Blütenstaub, und auf dem Gelb ein Hauch von Schwarz, wie leichter Ofenruß. Schwungvoll sind die Muster, aber am schwungvollsten sind die beiden elegant gestreckten Spitzen an seinen Hinterflügeln, fast so elegant wie die Schwanzfedern der Schwalben. Und deswegen heißt der ganze Falter der Schwalbenschwanz.

Unmittelbar vor diesen Spitzen leuchten noch zwei rote Augen, und eine prächtige dunkelblaue Binde zieht sich quer vor sie hin. Er ist schon ein prächtiger Fremdling, der Schwalbenschwanz, wie mit farbenglänzenden Brokat- und Seidenstoffen geschmückt. Und er kommt wirklich vielleicht von sehr weit her, denn Schwalbenschwänze sind kräftige Flieger, die oft viele hunderte Kilometer zurücklegen, ehe sie sich irgendwo niederlassen. Schaut ihn euch also gut an, wenn er auf dem Schmetterlingsstrauch sitzt und Nektar trinkt. Vielleicht fliegt er gleich weg, und ihr seht ihn niemals wieder!

Vielleicht fliegt er aber auch nur ein kleines Stück weiter in den Garten hinein, dort wo die Möhren, der Fenchel und die Petersilie stehen. Dann schwirrt er aufmerksam von Pflänzchen zu Pflänzchen. Und vielleicht legt er ein winzig kleines, nicht einmal stecknadelkopfgroßes Ei an ein Blatt einer Möhrenpflanze, nur eines, das genügt, und dann vielleicht noch eines an die Kümmelpflanze und an den Fenchel, denn er liebt die aromatischen, wohlschmeckenden Pflanzen im Garten. Niemals würde er ein Ei an eine Giftpflanze legen!

Schon ein paar Tage später rückt und rührt es sich in dem winzig kleinen Ei, und nach einer Woche schlüpft ein ebenso winzig kleines Räupchen heraus. Es ist schwarz mit einem weißen Fleck in der Mitte. Und wer nicht ganz genau hinschaut, hält es wohl eher für einen Fleck Vogelkot als für einen künftigen Schmetterling!

Als erstes frisst das Räupchen die dünne Eischale auf, aus der es gerade geschlüpft ist, denn jetzt hat es Hunger! Dann beginnt es an den Möhrenblättern zu nagen und zu fressen. Bald hat es so viel gefressen und ist so dick geworden, dass es buchstäblich platzt: Die Haut reißt auf, und ein größeres Räupchen mit neuer Haut kriecht heraus. Gleich frisst es weiter und bald platzt es wieder aus seiner Haut. Die jetzt herauskriechende Raupe aber ist nicht mehr wie Vogelkot gefärbt, sondern ist auffällig bunt: schwarz, weiß und hellgrün zebraartig gestreift und dazwischen viele leuchtend orange Punkte. Eine so auffällige Raupe entdeckt man leicht im Möhrenbeet, wenn man geduldig sucht.

Die Raupe aber frisst weiterhin und ohne Pause von den Möhrenblättern. Sie muss sehr hungrig sein. Kommt man ihr zu nahe oder ärgert man sie gar, so richtet sie ihren Vorderkörper gekrümmt auf wie ein bockiges Ziegenböckchen, und aus einer versteckten Nackenfalte stülpen sich zwei safran-orange, aber weiche Hörnchen aus, die noch dazu ganz merkwürdig riechen. Das versteht wohl jeder, was die Raupe da meint: Bitte lass mich in Ruhe!

Nach vier Wochen ist sie dick und groß geworden. Jetzt hört sie auf zu fressen, läuft unruhig hin und her, verlässt wohl auch die Möhrenpflanze, läuft über den Gartenweg hin und wieder zurück. Was sucht sie wohl?

Jetzt hat sie es gefunden: einen ruhigen Ort an einem trockenen, festen Ast. Dort spinnt sie aus winzig kleinen Fädchen ein kleines Pölsterchen und leimt es fest an den Ast. Dann hakt sie ihre Hinterfüße fest in das Pölsterchen ein und wirkt sich einen silbernen Gürtel, den sie vielfach um ihre Taille und den Ast windet. Aber noch immer wird sie nicht ruhig: Ihre Hautfarbe verändert sich, wird dunkel und braun, und schließlich streift sie ihre Raupenhaut zum letzten Mal ab, vorsichtig, ohne dass dabei der Gürtel verloren geht. Merkwürdig trocken und leblos sieht sie jetzt aus, leblos wie eine Puppe. Und so heißt sie jetzt auch.

So hängt sie sicher an ihrem Gürtel und hält sich mit ihren Hinterfüßen fest, ohne sich zu bewegen, viele Wochen lang, Monate lang, den ganzen Winter hindurch. Zu Frühlingsanfang hängt sie immer noch wie tot und scheinbar unverändert dort, oft auch noch im April.

Und doch war und ist sie nicht tot. Tief im Inneren und von niemandem beobachtet hat die Puppe sich völlig aufgelöst und im Schutze der festen Puppenhülle ist aus ihr etwas ganz Neues geworden: Schließlich ist die Puppenhülle an einem sonnigen Maimorgen halb durchscheinend geworden und jetzt reißt sie am oberen Ende auf wie Pergamentpapier. Von innen drängt und presst sie jemand auf.

Ein Paar große dunkle Augen schaut heraus, ein Paar Fühler und ein Schmetterlingsrüssel. Dann reißt die Hülle ganz auf und ein feuchtes, gelb-schwarzes Etwas kriecht heraus. Die Flügel sind noch eingerollt und nass. Aber gleich beginnt der frisch geschlüpfte Schwalbenschwanz sie vorsichtig auszubreiten. Er braucht Platz dafür, denn die Flügel sind groß. – Schon glaubt man nicht mehr, dass sie gerade noch in der Puppenhülle steckten! Noch sind die Flügel weich und sehr empfindlich, aber der Falter pumpt sie auf, sodass sie straff und gerade werden, und schon nach einer Stunde sind sie ausgehärtet und flugbereit. So frisch und blinkend sehen sie aus, ihr schwarz-gelbes Muster und die roten und blauen Tupfer, dass es eine Freude ist, sie anzuschauen!

Schon bald fliegt der Schwalbenschwanz hinaus in den sonnigen Morgen, fliegt und fliegt. Jetzt muss er nicht mehr ununterbrochen fressen wie als Raupe, jetzt genießt er seine Flügel und den Sonnenschein darauf. Denn er ist ein Sonnenfalter und nur bei Sonnenschein fliegt er; bei Regen aber hängt er sich still mit geschlossenen Flügeln an eine Blüte und träumt und wartet auf die Sonne.

Er fliegt und fliegt, bis er an einen Hügel kommt. Hügel sind die Treffpunkte aller frisch geschlüpften Schwalbenschwänze. Hier sitzen sie mit leuchtend ausgebreiteten Flügeln auf den äußersten Astspitzen, stürmen lautlos hinauf in den blauen Himmel, drehen Spiralen in die Luft und umeinander – viele Tage lang. Dann aber wandern sie weg – vielleicht ganz nah, vielleicht sehr weit weg und vielleicht bis in unseren Garten.

Delphine

Wer mit einem Schiff auf dem Mittelmeer fährt, vielleicht von Genua nach Tunis oder von Venedig nach Haifa, und schon viele Stunde an der Reling gestanden hat und über das blaue, sonnenglitzernde Wasser geschaut hat, der kann mit etwas Glück dort dreieckige Flossen aus den Wellen herausragen sehen. Jetzt heißt es gut hinschauen: Sind es spitze, gleichmäßig dreieckige Flossen, oder sind sie von vorne nach hinten schwungvoll gebogen und hinten eingebuchtet? Die dreieckigen Flossen gehören Haien, und jedem Schiffspassagier wird ein Schauder über den Rücken laufen. Die schwungvoll Gebogenen aber gehören Delphinen, und alle Passagiere werden sich an der Reling versammeln und sich über diesen Anblick freuen. Man kann gar nicht anders als sich über Delphine freuen! Oft ist es ein ganzer Trupp, der dem Schiff folgt, eine «Schule» von Delphinen, die gerne auf der Bugwelle des Schiffes reiten und sich von dieser tragen lassen, manchmal aber auch in kleinen oder bis mehrere Meter hohen Sprüngen aus dem Wasser schnellen und ohne zu platschen wieder hineintauchen.

Nur wenige Menschen hatten das Glück, einen wilden Delphin aus der Nähe beobachten zu können, eher geht dies schon bei den gezähmten in Zoos oder Delphinarien. Ein Delphin sieht in seinem Gesicht immer freundlich, ja sogar lächelnd aus. Aber Vorsicht! Der erste Eindruck kann täuschen: Delphine können ihren Gesichtsausdruck gar nicht ändern. Auch wenn sie wirklich wütend oder angriffslustig sind, sieht ihr Gesicht noch immer lächelnd aus. Sie haben nämlich gar keine Muskeln im Gesicht, die den Ausdruck verändern könnten. Wer Delphine kennt, kann aber an ihren Körperbewegungen erkennen, wie sie gelaunt sind: Mal sind sie langsam und träge, mal wieder spritzig und ausgelassen. Eigentlich ist der ganze Körper eine Art Gesicht.

Nur ganz wenige Delphine sind so zahm, dass sie sich berühren lassen. Ihre Haut ist nicht kalt wie die der Fische, sondern warm wie unsere auch, denn Delphine sind keine Fische, sondern Säugetiere, die immer gleichmäßig warmes Blut haben. Und damit sie nicht so schnell wie wir im Wasser auskühlen, haben sie unter ihrer Haut eine dicke Schicht Fett, die sie warm hält. Die Haut selber ist schwer zu beschreiben: Sie fühlt sich nicht einmal ganz glatt an, ist aber glatter als der glatteste Schiffsrumpf und lässt den Delphin daher auch viel schneller sein als ein Schiff. Techniker haben versucht, eine ebensolche Oberfläche für ihre Schiffe zu entwickeln; es ist ihnen aber nicht so gut gelungen.

Delphine haben enorm viele und starke Muskeln, mit denen sie so schnell schwimmen können, dass sie selbst Schnellbooten noch vorausschwimmen.

Da Delphine keine Fische sind, haben sie auch keine Kiemen, mit denen sie unter Wasser atmen könnten. Sie müssen daher regelmäßig, mindestens alle fünfzehn Minuten, an die Oberfläche kommen, um zu atmen. Ihre Nasenöffnung liegt nicht vorne im Gesicht, sondern ganz oben auf dem Kopf, sodass sie nicht mit der ganzen Schnauze, sondern nur mit einem kleinen Stück aus dem Wasser herauskommen müssen. Dazu blasen sie die Luft durch das Nasenloch heraus, atmen schnell wieder ein und verschließen das Blasloch wieder, sodass kein Wasser in die Lunge kommt.

Natürlich müssen Delphine auch nachts atmen. Wenn sie schlafen, können sie aber nicht von unten an die Wasseroberfläche schwimmen. Was sollen sie also tun?

Ihre Lösung hat alle Delphinkenner sehr überrascht: Sie schlafen immer nur mit einer Körper- und Gehirnhälfte. Die andere bleibt so wach, dass sie weiterschwimmen können. Nach ein bis zwei Stunden schläft dann die andere Hälfte ein und die erste erwacht. Das ist doch wirklich verblüffend!

Delphine sind ausgezeichnete Schwimmer und können sehr weite Entfernungen im Meer wandern. Dabei schwimmen sie in Schulen von bis zu zweihundert Tieren. Bleiben sie dann längere Zeit an einer

Stelle, etwa in einer großen Bucht, dann schwimmen sie oft zu zweit, zu dritt oder zu viert und suchen gemeinsam Tintenfische in den Ritzen der Korallenriffe oder treiben sich gegenseitig Meeresbarben oder andere Fische zu, die sie fangen. Manchmal aber jagen sie auch alle zusammen einen Fischschwarm und umkreisen ihn, manchmal auch mit anderen Delphinarten zusammen, denn es gibt über 25 verschiedene Delphinarten.

Alle Delphine einer Schule kennen sich untereinander: sie haben verschiedene Stimmen und eigene Namen. So können sie sich auch gegenseitig rufen, denn ihre Ohren sind zehnmal besser als unsere, sodass sie sich auch im Wasser hören und verstehen können. Auch hören sie viel höhere Töne, Ultraschall, die wir gar nicht hören können. Auch mit diesen hohen Schnalztönen können sie sich gegenseitig rufen. Und am Echo können sie sogar im trüben Wasser erkennen, was vor ihnen liegt, ein Fischschwarm, ein Felsenriff oder ein Mensch. So können sie bis zu einem Kilometer weit «sehen» oder eigentlich hören. Wie sie dies genau machen, weiß man noch nicht. Aber man weiß, dass sie die für Delphine typische Ausbuchtung auf der Nase, die «Melone» dazu brauchen.

Ja, wie mit einem Ultraschallgerät können sie sogar ins Innere eines anderen Delphins hören und erkennen, ob er krank ist oder ob in seinem Bauch ein kleiner Delphin heranwächst.

Kurz vor der Geburt kommen andere Delphine zu der werdenden Delphinmutter hinzu. Das Kleine wird mit der Schwanzflosse voran scheinbar mühelos geboren. Es ist schon über sechzig Zentimeter lang und sieht noch etwas verknittert aus. Die Helferinnen stupsen es mit ihren Nasen nach oben an die Wasseroberfläche, damit es dort seinen ersten Atemzug tun kann, denn atmen muss es erst lernen.

Der kleine Delphin hat kein Nest und keine Höhle als Unterschlupf. Er schwimmt wie alle Delphine ungeschützt im Meer. Deshalb wird er von den Erwachsenen besonders gut bewacht. Denn oft greifen Haie kleine Delphine an. Die Delphineltern aber geraten in große Wut, wenn ein Hai auftaucht. Mit ihren spitzen Schnauzen rammen sie den Hai in seinen empfindlichen Bauch und vertreiben ihn oder töten ihn sogar. Selbst die großen und gefährlichen weißen Haie können Delphinen nichts tun, wenn diese aufpassen. Wenn die Kleinen zu weit weg vom Schwarm schwimmen, werden sie mit einem schrillen Ruf, mit dem nur *sie* gemeint sind, also mit ihrem Namen, zurückgerufen.

Auch wenn ein Delphin verletzt ist, schieben und tragen die anderen ihn an die Wasseroberfläche, damit er nicht ertrinkt. Allerdings bringen sie ihn nicht zu hoch auf den Strand, denn dort würde die Sonne seine empfindliche Haut verbrennen. Ebenso haben Delphine schon Menschen vor dem Ertrinken gerettet und sie zurück an die Küste gebracht.

Manchmal freundet sich ein Delphin mit einem Menschen an. So kam in Italien immer ein Delphin an das Ufer, wo ein Junge täglich zur Schule ging. Dieser rief und fütterte ihn, und bald kam der Delphin jeden Tag, auch wenn er sich weit entfernt vom Ufer aufgehalten hatte. Das ging mehrere Jahre hindurch, bis der Junge an einer schweren Krankheit starb. Der Delphin kam immer wieder an dieselbe Stelle und wirkte traurig, bis er dort starb.

Ein anderer Delphin freundete sich mit einem jungen Beduinen in Ägypten am Ufer des Roten Meeres an. Täglich schwammen sie zusammen ins Meer hinaus. Der Delphin ließ sich streicheln und liebkosen. Der junge Beduine, der taubstumm war, war so glücklich über seinen neuen Freund, dass er ihn zu rufen begann. Und so lernte er allmählich mit dem Delphin zu reden und sogar wieder zu hören, immer mehr, bis er wieder gut sprechen konnte. So kann die Freude an einem Delphin sogar wieder gesund machen!

Täglich kam der Delphin an den Strand, und die beiden spielten miteinander. Der junge Beduine fütterte ihn mit den Fischen seines Fanges oder mit Tintenfischen und ermunterte ihn zu Luftsprüngen und anderen Kunststückchen. Wenn der Delphin besonders gut gelaunt war, tanzte er sogar aufrecht über das Wasser, nur auf seine Schwanzflosse gestützt!

Eines Tages aber blieb er aus. Sieben Tage lang blieb er verschwunden. Doch als er am achten Tag wiederkam, brachte er einen kleinen

Delphinsohn mit. Seither spielten sie und viele Besucher gemeinsam am Strand.

Drei Monate später aber rief der Delphin seine menschlichen Freunde mit aufgeregter, angstvoller Stimme. Zwei Beduinen folgten ihm im Motorboot und sprangen dann ins Wasser. Dort sahen sie, wie der kleine Delphin sich in ein Fischernetz verheddert hatte und zu ersticken drohte. Die Fäden eines Fischernetzes sind nämlich so dünn, dass Delphine sie mit ihrem Ultraschall nicht sehen oder vielmehr hören können.

Die beiden Beduinen begannen mit bloßen Händen die Fäden des Netzes, Faser für Faser zu zerreißen. Allmählich gelang es ihnen, das Netz zu lösen. Geschafft! Sie nahmen den Kleinen mit ins Boot. Er atmete nicht mehr. Als ob er ein Kind wieder beleben wollte, blies einer, so stark er konnte, in das Blasloch des kleinen Delphins, bis dieser wieder zu atmen begann. Seither sind die beiden unzertrennliche Freunde!

Ein anderer Mann namens Korianos wurde einmal vor langer Zeit Zeuge, wie Fischer eine ganze Schule von Delphinen fingen. Er überredete die Fischer, die Tiere freizulassen. Mehrere Jahre später erlitt sein Boot an der Küste Schiffbruch. Die gesamte Besatzung ertrank, nur ein einziger Mann, nämlich Korianos, überlebte, weil er von Delphinen zu einer Grotte getragen wurde. Die Delphine hatten ihn nicht vergessen. Bei seinem späteren Tod waren die Delphine zum Erstaunen seiner Familie und seiner Freunde wieder da, um sich zu verabschieden: Während des Begräbnisses warteten sie wenige Meter vom Ufer entfernt, bis sein Körper verbrannt war. Dann schwammen sie davon und kamen nicht mehr zurück.

Solche Freundschaften von Menschen mit Tieren sind wirklich selten. Und wie alle echten Freundschaften sind sie eine ganz große Freude!

Lob und Preis dem Regenwurme

Niemand wird vom Regenwurme sagen wollen, dass er ein anmutiges Tier wäre, denn nichts, was er an sich hat, spricht zum Gemüte, ja, viele finden ihn sogar ein bisschen Ekel erregend; doch wer seine Bedeutung erst einmal richtig kennen lernt, der weiß ihn auch zu schätzen und muss sich freuen, wenn Regenwürmer in Feld und Garten vorkommen und sich dort wohlfühlen.

Splitternackt und ohne Beine kriecht der Regenwurm auf dem Bauch über oder durch die Erde. Von vorn bis hinten ist er geringelt. Er hat keine richtigen Augen, er hat keine Ohren und nicht einmal einen Kopf. Mit Mühe und Not hat er vorne im zweiten Ringel einen Mund. Wer aber einen solchen Mund wie der Regenwurm hat, nur mit Lippen, ohne Kiefer und Zähne, der kann auch ganz gewiss niemanden beißen, ja, er kann sich nicht einmal irgendetwas abbeißen. Er muss es eben ganz anders anfangen. Natürlich hat ein Regenwurm auch keine Nase.

Das Geheimnis des Regenwurmes ist, dass er ein sehr feines Gefühl in seiner nackten Haut hat. So fühlt er zum Beispiel deutlich, ob es draußen auf der Erde warm oder kalt ist, und wenn es ihm zu kalt vorkommt, bleibt er einfach zu Hause. Er fühlt, er tastet mit seiner Haut. Vielleicht hört er auch ein bisschen ohne besondere Ohren. Er schmeckt die Erde sehr genau, weil sein ganzer Körper fast wie eine Zunge ist. Bei Erschütterungen sucht er unter die Erde zu entkommen, ja, er weiß sogar, ob es draußen hell oder dunkel ist, und wenn man ihn mit einer Taschenlampe anleuchtet, merkt er es ebenfalls und fährt zusammen. So wunderbar ist es bei diesem einfachen Tier, dass es fast alles empfinden kann, obwohl es nicht ein einziges Sinnesorgan hat. Es nimmt alles nur durch seine feuchte Haut wahr.

Geschmack und Geruch sind beim Regenwurm wohl noch ein und dasselbe, dennoch empfindet dieses Tier sehr fein, ob ein Erdboden gut oder schlecht ist, ob er ihm zuträglich ist oder nicht, denn er kriecht vom schlechten Boden fort und sucht sich einen, wo er sich wohler in seiner Haut fühlt.

Wer wie ein Regenwurm keinen Kopf hat, der hat natürlich auch kein Gehirn, nur einen winzigen Nervenknoten. Der Regenwurm braucht auch keines, denn was er empfindet, hell, dunkel, Erdgeruch, warm, kalt, Erschütterungen usw., das fährt ihm sofort in die – ach nein, ein Regenwurm hat ja gar keine Glieder. Es fährt ihm in das Gewürm, so möchte man sagen. Er weiß offenbar auch, wo oben und unten ist, er muss es fühlen, denn er kehrt immer dieselbe Seite nach oben. Man sieht es schon an der großen Blutader, die mitten über den Rücken läuft. Der Regenwurm hat nur ein sehr, sehr einfaches Herz.

Wenn man sich überwindet, einen Regenwurm in die Hand zu nehmen und ihn langsam von hinten nach vorn durch die Finger zieht, spürt man deutlich, dass es kratzt. Das sind die feinen Borsten, von denen der Regenwurm vier Reihen in seiner Haut hat. Auf jeder Körperseite verlaufen zwei Reihen, die eine oben, die andere am Bauche unten. Die Borsten sind gleichzeitig auch die «Steigeisen», mit denen sich der Regenwurm in seinen senkrechten Gängen Halt verschafft. Er kann sie sogar ein wenig bewegen, weshalb man sie auch einen kümmerlichen Ersatz für Beine nennen könnte. Lässt man den Wurm auf Papier kriechen, so hört man es sogar leise rascheln. Jeder, der will, kann es probieren. Da die Borsten von vorne nach hinten gerichtet sind, stützen sie den Wurm, wenn er in seinen Gängen aufwärts steigt, sonst würde er vielleicht gar rückwärts wieder herunterfallen. Die Borsten sind aber auch das einzige am ganzen Regenwurme, was Widerstand bieten kann.

Die Zoologen rechnen den Regenwurm zu den Ringelwürmern. Man sieht es doch, dass er von vorne bis hinten in lauter Ringe eingeteilt ist. Der vorderste Ring ist zugespitzt und kann sich außerdem eng zusammenziehen, sodass er noch länger wird. Damit bohrt sich der Wurm in die Erde ein, wenn er eine Stelle gefunden hat, wo schon

ein kleiner Spalt ist. Dann helfen ihm wiederum die Borsten. So viele Ringe er hat, so viele Paare von Borsten hat er auch auf jeder Seite.

Von vorne bis hinten hat der Regenwurm einen – wie man sagt – Muskelschlauch. So hat er also doch einen Ersatz für die Muskelkraft der fehlenden Arme und Beine. Er ist sogar im Vergleich ein starkes Tier, wie man ebenfalls fühlen kann, wenn man einen in die Hand nimmt. Der Muskel bewirkt, dass der Regenwurm eine Wellenbewegung von vorne nach hinten über sich hinweglaufen lassen kann. Erst streckt er sich und dann zieht er allmählich das hintere Ende nach. Er kann aber auch rückwärts kriechen. Er macht es aber anders als die Schlangen, die sich schlängeln müssen, weil sie ja eine knöcherne Wirbelsäule in sich haben. Wie sollten sie sich da ausstrecken oder zusammenziehen können?

Der gemeine Regenwurm, die größte der bei uns vorkommenden Arten, wird bis 30 Zentimeter lang und hat dann etwa 150 Ringe. Auf ein paar mehr oder weniger kommt es gewiss nicht an. Man weiß ja auch, wie gar leicht es vorkommen kann, dass solch ein Wurm in Teile auseinander getrennt wird. Schon wenn man im Garten umgräbt, kann dieses passieren, oder ein Vogel kann ein Stück in der Luft verlieren. Doch das schadet dem Regenwurm nicht viel. Er kann das verloren gegangene hintere Stück wieder nachwachsen lassen. Manchmal kann sogar das hintere Stück ein vorderes dazubilden.

Überlegen wir uns nur einmal, wer alles Regenwürmer fressen möchte! Da wären schon die vielen Vögel zu nennen, die mit ihren scharfen Augen den Boden absuchen, zum Beispiel, wenn umgepflügt wird. Dann schnüffelt Meister Igel überall das Gelände ab, ob er nicht einen schmatzend verspeisen kann, wenn er ihn erwischt. Unter der Erde vertilgen natürlich die Maulwürfe massenhaft Regenwürmer. Spitzmäuse und noch viel anderes Getier stellen ihnen eifrig nach und lassen sie sich schmecken, sogar die Kröten fressen Regenwürmer. Muss man sich denn da nicht wundern, dass überhaupt noch welche bleiben? Aber es bleiben doch immer noch genügend Regenwürmer übrig.

Es lässt sich sogar angeben, wie viele dieser stillen Kriecher ein

Erdboden eigentlich beherbergt, weil es nämlich öfter untersucht worden ist. Je nach Güte der Wiese kommen zwischen 90 und über 500 Regenwürmer pro Quadratmeter darin vor. Das sind auf einem Hektar, also auf einem Quadrat von 100 Meter mal 100 Meter Länge, über fünf Millionen. Sie würden alle zusammen sechs Zentner wiegen, also mehr als eine Kuh. Das liegt sicher auch daran, dass Regenwürmer recht alt werden können, bis zu zehn Jahre. Und jedes Jahr legen sie kleine Eier.

Sicher hat jeder schon einmal etwa im vorderen Drittel eines Regenwurmes jene gürtelförmige Verdickung gesehen. Sie beginnt mit dem 27. Ring und reicht über acht Ringe hin. Dort scheidet der Regenwurm durch viele winzige Öffnungen seine Eier ab und gibt auch sofort einen die Eier umhüllenden Schleim darum herum. Zuletzt zieht der Wurm den ganzen Kokon, so nennt man den Eierballen, wie ein Kleid aus, damit dieser sich noch weiter zusammenziehen kann. Also verfertigt der Regenwurm seinen Kokon nicht aus Seidenfäden wie der Seidenspinner, sondern er lässt ihn aus Schleim entstehen, der an der Luft trocknet. So wird die Wurmbrut unter der Erde in einer kleinen Höhle abgelegt.

Regenwürmer sind eigentlich Nacht- oder doch wenigstens Dämmerungstiere. Weil sie völlig nackt sind und noch dazu feuchte Haut haben, besteht immer die Gefahr, dass sie austrocknen. Aber durch diese feuchte Haut muss der Regenwurm, da er keine Lunge hat, auch atmen. Hat es dann einmal länger sehr stark geregnet, so kommen die Regenwürmer auch am Tag aus ihren Gängen herausgekrochen, denn Regenwasser läuft in die Gänge hinein, füllt sie aus und bereitet den Würmern Atemnot. So erklärt es sich auch, woher der Regenwurm eigentlich seinen Namen hat.

Gefährlich wird es für sie allerdings dann, wenn gleich nach einem Regen die Sonne scheint. Die Regenwürmer vertragen nämlich überhaupt kein Sonnenlicht, da ihre zarte Haut sofort einen «Sonnenbrand» bekommt. Deshalb findet man sie manchmal nach Gewittern massenhaft tot herumliegen.

Sie brauchen den Schutz der Dunkelheit, um bestehen zu können.

Auch gegen Kälte und Frost sind sie sehr empfindlich, wie man sich denken kann. Sie lieben das Feuchtwarme und erfrieren bereits bei zwei Grad Kälte. Im Winter stecken sie zwar tief in der Erde, aber es kann doch einmal vorkommen, dass der Frost bis zu ihnen hinunter dringt und sie tötet; ist aber der Boden mit Stroh oder anderswie abgedeckt, so sind sie geschützt und bleiben erhalten. Sie ziehen sich dann in ihre tiefsten Gänge zurück und knäueln sich alle miteinander zu festen Knäueln zusammen, bis es wieder warm wird. Auch wenn es im Sommer zu trocken und heiß wird, warten sie als Knäuel im Erdboden, bis es nach einigen Wochen wieder feuchter und kühler wird.

Manchmal sieht man kleine Blättchen in der Erde stecken, gerade wie wenn jemand sie zum Spiele hineingesteckt hätte. Das waren die Regenwürmer bei ihrer nächtlichen Tätigkeit. Sie holen sich Blättchen oder Blattteile zusammen, wo sie sie gerade finden und schleppen sie in ihre Gänge. Dort sollen sie verrotten, bis sie der Regenwurm mit seinem weichen Munde verspeisen kann. Es ist sogar bekannt, dass die Regenwürmer gewisse Lieblingsspeisen haben, wie zum Beispiel Kohlblätter, die sie auch von weither holen. Aber auch Erde stopft der Regenwurm in sich hinein, nimmt sich daraus, was er verdauen kann, und scheidet den Rest, den er in seinem Darme sehr fruchtbar gemacht hat, dann wieder aus. Das sind die «Wurmhäufchen», die man manchmal findet. Die Regenwurmerde ist nun viel fruchtbarer als vorher. Sie kann auch das Wasser besser in sich halten und ist daher die beste Komposterde. So tragen die Regenwürmer in stiller, aber beharrlicher Tätigkeit zur Fruchtbarkeit der Erde bei und machen den Boden gleichzeitig locker. Dass sie manchmal auch junge Keimpflänzchen mit erwischen, sollte man ihnen bei ihrem sonstigen großen Nutzen doch nicht so übel nehmen.

Meistens packt der Regenwurm die Blätter bei der Spitze. So kann er sie, ohne dass sie sich verklemmen, in die Gänge hineinziehen. Nur von Kiefernnadeln weiß man, dass der Wurm sie andersherum anfasst, denn Kiefernnadeln hängen paarweise zusammen und würden sich verspießen, wenn der Wurm sie ebenfalls an der Spitze fasste.

Welche Weisheit liegt doch im Verhalten selbst eines so einfachen Tieres! Welcher Meister hat die Regenwürmer belehrt? Wer hat es ihnen eingepflanzt?

Die senkrechten Gänge sind meistens einen halben Meter tief, manchmal auch bis zu zwei Meter. So kann man sich denn leicht vorstellen, was es für die ganze Erde bedeutet, wenn so viele Regenwürmer immerfort in ihr herumkriechen, Erde in sich hineinfressen und sie andernorts wieder absetzen. Es ist, als würde die Erde nicht nur an der Oberfläche geharkt und gestriegelt, sondern bis in ihre Tiefen hinein fein geordnet.

Wenn ein Traktor über eine Wiese gefahren ist und die Erde so stark zusammengedrückt hat, dass die kleinen Pflanzenwurzeln nur noch schlecht wachsen können, dann sorgen die Regenwürmer dafür, dass der Boden allmählich wieder locker wird. Dadurch kommt auch wieder Luft in den Boden, was die Pflanzen ganz dringend brauchen.

Durch die Regenwürmer, die heimlichen Pfleger, werden Felder, Wiesen, Gärten und Wälder ständig gedüngt. Dem Landwirt und Forstmann sind sie wertvollste Helfer. Was es auch sei, ob Reste von Pflanzen oder Tieren, alles wird der Erde zurückgegeben und in Fruchtbarkeit verwandelt.

Auch kann durch die dünnen Regenwurmgänge das Regenwasser ganz allmählich in den Boden bis zu den Pflanzenwurzeln hinabsickern. Also lockern, düngen, durchlüften und bewässern die Regenwürmer den Boden.

In gar nicht allzu vielen Jahrzehnten haben die Regenwürmer, wenn es nur recht viele gibt und wenn sie sich recht wohl fühlen, den Erdboden durchgepflügt und das Unterste zuoberst geschafft, ohne Pflugschar, einfach nur durch ihre Lebenstätigkeit. Ist es ein Wunder, dass einsichtige Landwirte und Gärtner sorglich auf das Gedeihen der Regenwürmer achten? Regenwürmer werden sogar gezüchtet und, wenn sie sich recht vermehrt haben, dorthin verkauft, wo sie fehlen. Man kann sogar Regenwürmer in einer Holzkiste halten und ihnen alle Gemüseabfälle und Kaffeesatz aus der Küche zu fressen geben. Mit der Zeit machen sie die allerbeste Gartenerde daraus!

Was sind nun eigentlich die Regenwürmer? Sie gehören zur Erde. Jeder Einzelne von ihnen ist wie ein ganz kleines Stückchen Erdendarm, also gar kein ganzes Tier, sondern ein kleines Stückchen nur, das unter und über der Erde selbstständig herumkriecht. Seine Aufgabe aber ist es, die Erdenkrume ganz allmählich durch sich hindurchfließen zu lassen und sie neu zu beleben und zu befruchten.

So schätzen die Menschen oft etwas gering oder sie verachten es gar, nur weil sie seine große Bedeutung noch nicht verstehen. Aber das Kleine kann groß, das Geringfügige gar erhaben sein. Nicht anders ist es auch beim Regenwurm. Wollen wir also nicht etwa die Nase über ihn rümpfen, sondern dafür lieber jedes Mal, wenn wir einen sehen, uns freuen!

Der Maulwurf

Es wird wohl keinen Jungen und kein Mädchen geben, dem der Maulwurf unbekannt wäre. Am besten kennen ihn natürlich Menschen, die auf dem Lande wohnen, vor allem Bauern und Gartenbesitzer, denn sie haben manchmal sogar Grund, sich über ihn zu ärgern. Wenn sie auf Wiesen oder Beeten neue Maulwurfhügel entdecken, vergessen sie, dass ihnen deren Urheber in mancher Hinsicht doch auch nützlich ist.

Jeder weiß, dass der Maulwurf unter der Erde Gänge, oder, wie man auch sagt, Röhren gräbt. Am leichtesten gelingt ihm dies dort, wo der Boden locker oder feucht ist. Als Grabwerkzeuge dienen die großen, zu Schaufeln umgebildeten Vorderfüße. Wird der Erdboden zu trocken oder zu hart, so bleibt dem Maulwurf nichts anderes übrig, als sein Jagdrevier zu verlassen und sich anderswo ein neues anzulegen, vielleicht mehr im Tale oder in Wassernähe, wo es feuchter ist.

30 bis 60 Zentimeter tief unter einem besonders dicken Maulwurfshaufen hat sich der Maulwurf seine Maulwurfsburg, die Wohnkammer eingerichtet. Sie ist etwa 20 Zentimeter groß und mit Blättern, Zweigen und Moos ausgepolstert. Von der Wohnkammer aus laufen mehrere Tunnel in alle Teile seines Jagdgebietes. Mindestens ein, manchmal zwei oder mehr Tunnel liegen ringförmig um die Wohnhöhle, sodass der Maulwurf besonders schnell die Gänge wechseln kann, ohne jedes Mal durch das Wohnzimmer rennen zu müssen.

Etwa 30 bis 50 Meter abseits der viel begangenen Gänge seines Jagdgebietes, etwa zwischen den Wurzeln eines Strauches, legt das Maulwurfsweibchen die Nestkammer an, wo es die zwei bis neun Maulwurfsjungen aufzieht. Natürlich ist auch diese durch einen unterirdischen Gang zu erreichen.

Alle drei bis vier Stunden, tags und nachts, durchstreift der Maulwurf alle Gänge seines großen Reviers. Regenwürmer, die durch die Wand einer Maulwurfsröhre hereingekrochen sind, sitzen in der festen Röhre wie in einer Falle und finden meist nicht wieder hinaus. Sie sind die willkommene Beute des Maulwurfs. Aber auch Engerlinge, Schnecken und Grillen findet er auf seinen Patrouillen. Selbst Mäuse verschnurpst er mit seinem spitzzahnigen Insektenfressergebiss. Ja, er kann ständig fressen und ist von einem schier unstillbaren Hunger gepeinigt. Er stürzt sich auf alles Lebende, dessen er nur irgend habhaft werden kann mit wahrem Heißhunger, um es sogleich gierig zu verschlingen.

Man kann sich zunächst gar nicht vorstellen, wie schnell ein Maulwurf in seinen Gängen vorwärts kommt. Wie sollte man so etwas aber auch feststellen können, da man den Wanderer unter der Erde doch nicht sehen kann. Aber ein Forscher hat es durch eine sehr kluge Methode doch herausgebracht, und zwar so: Er steckte Reihen von Strohhalmen, deren jeder ein kleines Papierfähnchen trug, in die Laufgänge. Diese Gänge sind gewöhnlich 10 bis 15 Zentimeter tief in der Erde. Zuletzt ließ er einen Trompeter heftig blasen, natürlich zu der Zeit, als die Maulwürfe gerade unterwegs waren. Da der Schall auch unter die Erde dringt, erschraken die Maulwürfe mit ihrem außerordentlich feinen Gehör und flüchteten eiligst in ihre Wohnhöhle. Dabei mussten sie aber die vielen Strohhalme umrennen oder doch wenigstens an ihnen rütteln, und jedes Mal fielen dort, wo der Maulwurf gerade war, die Fähnchen herunter. Auf diese Weise ließ sich feststellen, dass sich ein flüchtender Maulwurf unter der Erde mit derselben Geschwindigkeit wie ein trabendes Pferd bewegt. Wer hatte das diesem grabenden Kriecher wohl zugetraut! Beim Graben aber geht es natürlich viel langsamer.

Wer nun den Körperbau des Maulwurfs näher studiert, kommt aus dem Staunen darüber, wie ein Tier durch seine ganz besondere Lebensweise geformt und gebildet werden kann, nicht heraus. Jedes Organ ist so eingerichtet, dass es der unterirdisch grabenden und wühlenden Lebensweise vollkommen entspricht. Betrachten wir die

Leibesform! Sie bildet eine Walze, bei welcher oben und unten nicht verschieden sind. Dadurch kann sich der Maulwurf in seinen Gängen um sich selbst drehen, ohne sich nur im Geringsten festzuklemmen. Dazu kommt noch, dass das Fell sehr dichte, senkrecht stehende Haare hat. Man braucht es nur anzufassen und sogleich spürt man, wie seidig es ist. Man kann es, anders als die Felle anderer Tiere, in alle Richtungen bürsten oder streichen. Es hat also keinen «Strich», keine bevorzugte Streichrichtung, die ja unsere Haare haben. Deshalb bleibt ein Maulwurf auch nicht hängen und verklemmt sich nicht beim Rückwärtskriechen. Ein weiterer Vorteil eines solchen Pelzes besteht darin, dass keine Erde drin hängen bleibt und dass das Wasser immer wieder vollständig abläuft. Ja, wer mit einem solchen Prachtpelz ausgerüstet ist, der darf wohl zufrieden sein, denn er wird weder nass noch schmutzig.

Dieses feine, schwarz glänzende Fell wurde lange Zeit zu Mantelkragen oder als edelstes Mantelfutter verarbeitet. Maulwurfsjäger zogen von Bauernhof zu Bauernhof, um Maulwürfe zu fangen, was den Bauern natürlich ganz recht war. Heute ist das weiche Fell aber aus der Mode gekommen.

Ein anderes Wunderwerk des Maulwurfs sind seine Grabfüße. Auch sie hat das Leben in der Erde gebildet. Im Gegensatz zu den Hinterfüßen, die denen einer Maus recht ähnlich sind, sind die Vorderfüße, die Hände, zu richtigen Grabhänden umgebildet. Ihre Zehen sind durch Spannhäute zu einer breiten Fläche verwachsen, die nun wie eine Schaufel oder ein Spaten verwendet werden kann, wobei noch dazu die breiten und kräftigen Krallen mithelfen. Die Handflächen sind natürlich nach außen gekehrt, und da sie noch dazu nackt sind, kommen einem diese Grabhände fast wie menschliche Hände vor. An der Daumenseite, also unten, sind sie zudem durch eine so genannte Scharrkralle verstärkt, wegen ihrer Form auch Sichelbein genannt, sodass es fast so aussieht, als hätte der Maulwurf dort eine sechste Zehe.

Wie macht der Maulwurf es, wenn er gräbt? Welchen Körperteil schickt er voraus? Etwa das spitzige Schnäuzchen mit seinem wunderbaren Riechorgan? O nein! Um als Keil vorangetrieben zu werden, wäre es doch zu zart, zu empfindlich und zu biegsam. Außerdem weisen schon die überaus dünnen und zarten Schädelknochen des Maulwurfs darauf hin, dass der Kopf nicht als Werkzeug verwendet werden kann. Er wird beim Graben sogar sehr weit zwischen die Schultern zurückgezogen, genauso, wie wir es auch machen würden. In dieser Stellung also lässt der Maulwurf seine Grabhände kratzen wie Löffel oder Schaufeln. Allerdings sind diese Löffel nur sehr kurz gefasst, und auch ein Hals wäre dem Erdenwühler nur hinderlich. Aber der spitze Kopf geht ja unmittelbar in die Rumpfwalze über! So ist's recht, Herr Maulwurf, dein vortrefflicher Leib allein macht dich schon zum Wühlermeister!

So ähnlich, wie wir es beim Schwimmen mit unseren Händen machen, hält auch der Maulwurf seine Grabhände mit der Innenseite auch außen, und der Daumen mit der Scharrkralle ist dann eben unten. Ein Schwimmer muss seine Handflächen so weit wie nur irgend möglich von sich fort strecken. So aber darf es der Maulwurf in der Erde nicht machen. Er muss die Hände dicht an den Körper heranziehen. Man braucht eine solche Haltung nur einmal nachzumachen, um zu bemerken, wie hinderlich dem Maulwurf lange Arme sein müssten. Da heißt's: je kürzer, desto besser! Beim Maulwurf sind die Arme so kurz geworden, dass fast nur die Gelenke übrig geblieben sind, und da sie noch dazu unter dem Fell des Rumpfes verborgen sind, sieht es fast aus, als ob der Maulwurf überhaupt keine habe. Allerdings sind dafür die Gelenke – das lässt sich denken – überaus stark und noch dazu so wendig, dass die Hände fast wie menschliche Hände gedreht und gewendet werden können. Ein Meisterwerk der Natur sind diese Maulwurfsgrabhände!

Mit der einen Hand lockert der Maulwurf die Erde, mit der anderen drückt er einen Teil davon fest gegen die Wand der Gänge, damit diese nicht einfallen. Dabei bewegt er sich wie eine Bohrmaschine drehend vorwärts. Einen Teil der Erde befördert er aber mit den Hinterfüßen nach hinten – fort damit!

Wenn sich unten so viel Erde angesammelt hat, dass sie das weitere

Vorwärtsdringen erschwert, dann gräbt der Maulwurf einen kurzen Gang nach oben und befördert sie mit einem gewaltigen Stoß mit Kopf und Rücken hinaus. So also kommen die Maulwurfshaufen zustande! Das Wort Maulwurf stammt aus dem althochdeutschen Wort «moltwerfö» und «molta» bedeutet so viel wie Erde oder Staub.

Obwohl der Maulwurf ein Säugetier ist, wie Hund und Katze, hat er sich doch durch seine unterirdische Lebensweise so stark verändert, dass er, bei aller Meisterschaft da unten, sich über der Erde nur noch unbeholfen fortbewegen kann. Gewöhnlich wagt er sich nur bei Nacht heraus, um auch über der Erde Jagd zu machen. Da kann man ihn in den seltsamsten Lagen ertappen. Er kann weder springen, noch kann er klettern; dagegen kann er – wer hätte ihm dies zugetraut – sehr geschickt schwimmen. Selten genug mag er von dieser Kunst Gebrauch machen.

Und wer denkt daran, welch schwere Muskelarbeit der Maulwurf unter der Erde beim Graben leisten muss und in welchem Tempo er durch die Gänge läuft, sommers wie winters, Tag und Nacht, nur mit kurzen, hastigen Pausen dazwischen? Da versteht man, dass er immer sehr, sehr hungrig ist und täglich so viel frisst, wie er selber wiegt. Wir würden auch viel mehr essen müssen, wenn wir so viel arbeiteten wie der Maulwurf!

Ja, so klein er ist, ist er doch ein Athlet unter den Tieren! Besonders natürlich diejenigen Muskeln, die beim Graben und beim Auswerfen der Erde gebraucht werden, sind gewaltig stark: Brust-, Rücken- und Nackenmuskeln. Wie stark sie sind, zeigen schon die breiten Ansatzstellen am Brustbein und den Armknochen.

Ich musste einmal einen Maulwurf fangen, der auf einem asphaltierten Parkplatz gelandet war und wegen der hohen Bordsteinkante nicht zurück in die Erde konnte. Ich konnte ihn kaum in meiner Hand halten, so kräftig schob er sich mit seinen Armen heraus. Ganz schnell war er wieder draußen! Zum Glück hatte ich ihn inzwischen auf ein Beet befördert, wo er sich ruck, zuck einbuddelte.

Welchen Charakter hat aber dieses sonderbare Tier? Ist der Maulwurf still, friedfertig und verträglich, lebt er scheu und furchtsam, oder verhält er sich etwa zänkisch, boshaft und angriffslustig? Schilderungen von Forschern, die ihn in dieser Hinsicht gut kennen, lassen ihn uns allerdings recht unfreundlich erscheinen. Ein Forscher nannte ihn im höchsten Grade unverträglich, zänkisch, bissig, räuberisch und mordlustig. Ei, du Maulwurf, das ist nun allerdings nicht gerade das beste Zeugnis, das dir da ausgestellt wird! Dass der Maulwurf ein Sonderling und Einzelgänger sein muss, der sich nicht gerade freut, seinesgleichen, der ihm die Nahrung streitig machen würde, zu begegnen, kann man ihm schließlich noch verzeihen, aber was wir da alles hören, geht doch wirklich sehr weit über bloße Unduldsamkeit hinaus.

Wenn ein Maulwurf in die Gänge eines anderen eindringt, so stürzen die beiden aufeinander los, zirpen und zetern wie aufgeregte Amseln, beißen und kämpfen, bis einer flüchtend das Weite sucht. Manchmal allerdings stirbt einer der Kämpfer. Junge Maulwürfe sind friedlicher. Man hat sie schon im Freien bei Sonnenschein miteinander spielen gesehen.

So also ist es um die Maulwürfe bestellt. Wer wagte noch, sie etwa harmlos zu nennen?

Viele denken, dass der Maulwurf keine Augen habe und daher blind sei. Es kommt bei manchen Tieren, die immer im Finstern leben, tatsächlich vor, dass die Augen verkümmern. Dies trifft auch für die meisten Maulwurfsarten, die es auf der ganzen Erde gibt, zu, doch macht hier unser einheimischer Maulwurf eine Ausnahme, die einzige sogar. Er hat zwei winzige, mohnkorngroße Äuglein, die noch dazu von Haaren so dicht überdeckt sind, dass man sie fast übersieht. Kommt aber der Maulwurf an das Tageslicht, so können sie etwas hervorgepresst werden. Unter der Erde ist es natürlich viel besser, wenn die Augen verborgen und geschützt unter dem Pelz des Kopfes stecken. Wiederum eine Einrichtung dieses wunderbaren Maulwurfskörpers, die man nur aus der besonderen Lebensweise verstehen kann und welche uns diese andererseits auch erklärt. Dass der Maulwurf nicht richtig sehen, sondern nur blinzeln kann, selbst wenn es hell um ihn ist, das kann man sich wohl denken.

Die Eingänge zu den Ohren können durch Hautfalten verschlossen werden, Ohrmuscheln fehlen natürlich. Wenn wir unser Ohr auf die Erde legen, um zu erlauschen, ob sich etwa Schritte in weiter Ferne nahen, so machen wir es gerade wie die Maulwürfe unter der Erde. Schall heißt eben bei den Maulwürfen so viel wie Erderschütterung. Kribbelt oder krabbelt da etwa jemand irgendwo in der Nähe herum?

Fast noch feiner als das Gehör ist der Geruchssinn der Maulwürfe. Die Nasenlöcher befinden sich gleich unterhalb der Rüsselspitze. Was wäre es aber auch, wenn sich der Maulwurf beim Graben immerzu die Nase verstopfte! Die Nasenspitze ist außerdem noch ein sehr empfindliches Tastorgan. Bei Maulwürfen ist es wohl eine gute Eigenschaft, überall die Nase hineinzustecken. Da ist es eben anders als bei den Menschenkindern, muss doch ein Maulwurf sogar durch die Erde hindurchschnüffeln! Duftet es dort etwa nach einem fetten Engerling?

Es kann solch einem fein empfindlichen Riecher natürlich auch leicht einmal zu viel werden, zum Beispiel wenn die Menschen Petroleum oder gar noch üblere Stinkstoffe in die Gänge gegossen haben. Töten wollte ja der Gärtner den nützlichen Engerlingfresser nicht gleich, möge er sich aber gefälligst ein anderes Gebiet heraussuchen und dort seine Haufen aufwerfen, wo sie niemanden stören!

Wirkliche Feinde hat der Maulwurf nur einige wenige. Wenn er seine Nase zu weit aus dem Maulwurfshügel heraussteckt, kann ihn schon einmal der Bussard oder der Storch erwischen. Gefährlicher aber ist das Wiesel, das auf seiner Suche nach Feldmäusen sich durch die engsten Gänge hindurchschlängelt. Da gibt es für den Maulwurf kein Entrinnen!

Die leeren Gänge aber werden bald von der Erdhummel entdeckt, die dort ihr Hummelnest anlegt.

Wenn das Grundwasser steigt, kann es vorkommen, dass die Maulwürfe gar ausziehen müssen. Dann wird eben die neue Wohnung über der alten angelegt. Aber auch das Gegenteil kann eintreten, nämlich, dass das Grundwasser zu tief sinkt. In diesem Falle muss der

Maulwurf auf seine Weise für Trinkwasser sorgen und legt dann ganz planmäßig Wasserlöcher an, tiefe Schächte, in denen sich die Bodenfeuchtigkeit wie in einem Brunnen sammelt. Ein Maulwurf muss nämlich viel trinken.

Da der Maulwurf keinen Winterschlaf hält – wie man an den dunklen, frischen Maulwurfshügeln mitten in der weiß verschneiten Wiese sehen kann –, muss er vorsorglich Nahrung für die Wintermonate heranschaffen, denn dann findet er zu wenig. Er legt sich Vorratskammern an, gräbt Höhlen und befestigt die Wände, wie er es bei seinen Laufgängen auch macht. Dann schleppt er Regenwürmer herbei, die er diesmal nicht sogleich gierig auffrisst, sondern als Winternahrung wohl verwahrt. Damit sie ihm aber nicht gleich wieder davonkriechen, beißt er seinen Gefangenen das Kopfende durch, wo die Bewegungsnerven liegen. So können sie sich zwar nicht mehr bewegen und nicht mehr davonlaufen, bleiben aber lebendig und den ganzen Winter über frisch. Woher aber weiß der Maulwurf, dass er es so machen muss?

Über tausend Regenwürmer, über zwei Kilogramm hat man schon in einer einzigen Vorratskammer gefunden. Und der Maulwurf legt bis zu zehn solcher Speisekammern an.

Ein Maulwurf hat es sogar im Gefühl, ob ein langer oder ein kurzer Winter herannaht. Man hat nämlich beobachtet, dass die Maulwürfe vor langen Wintern größere Vorräte anlegen als vor kurzen. Da sehen wir, dass der Maulwurf mehr vom Wetter versteht als der Mensch, denn der muss immer erst abwarten, wie der Winter ausfällt. Hei, mit wie viel Wohlbehagen und Schmatzen mag der Maulwurf seine selbst gesammelten Vorräte angehen!

Die Natur hat den Maulwurf zu einem Meister gemacht. Man hat ihn mit einem Bergmann verglichen, der mit Spitzhacke und Pickel in der Erde arbeitet. Werkzeuge sind die Gliedmaßen des Maulwurfs und die Gliedmaßen wiederum sind seine Lehrmeister, ja der ganze vollendete Leib ist sein Lehrmeister.

Dies alles müssen wir bewundern, auch wenn uns die Maulwurfshaufen bisweilen gar nicht gefallen.

Von den Ameisen

Es gibt bei uns viele verschiedene Ameisenarten, kleine gelbe, die unter den Steinplatten im Garten leben, kleine schwarze, die an Sträuchern und Blumen auf- und ablaufen, aber auch die großen schwarzbraunen Waldameisen. Die hat sicher jeder schon gesehen. Ihre Wohnung ist ein großer Ameisenhaufen, den das Volk aus Tannen- oder Kiefernnadeln, Holzstückchen und Steinchen zusammengetragen hat. Wenn das Wetter warm und sonnig ist, sieht man die Bewohner eilig aus- und eingehen. Scheinbar ziellos laufen sie geschäftig hin und her, dann rennen und kribbeln und krabbeln sie. Bei Nacht aber und wenn das Wetter ungünstig ist, bleiben die Eingänge geschlossen. Die Ameisen haben sie mit Zweigen und Nadeln verschlossen. Was aber spielt sich drinnen in dem Haufen mit den vielen Kammern wohl ab?

Der aufgeworfene Hügel, der bis zu anderthalb Meter hoch werden kann, ist keineswegs die ganze Ameisenwohnung. Sie setzt sich auch unter der Erde fort, man kann sagen, dass sie nur zur Hälfte über der Erde liegt. Die andere Hälfte ist in die Erde eingegraben. Dadurch können die Ameisen ihre Brut immer dorthin tragen, wo es für sie am günstigsten ist. Ameisen sind nämlich sehr eifrige, sorgsame und gewissenhafte Brutpfleger.

Zu jedem Ameisenhaufen gehört auch ein Jagdgebiet. Wagen sich Angehörige anderer Völker dorthin, so werden sie sogleich am fremden Nestgeruch erkannt, überfallen und aufgefressen. Ja, die Ameisenvölker haben sogar Wächter an den Grenzen ihres Jagdgebietes aufgestellt, die sofort Alarm schlagen, wenn fremde Ameisen sich auch nur nähern. So feindselig können sich die fleißigen Ameisen gegen ihresgleichen verhalten! Gibt es doch sogar räuberische Arten, welche regelrechte Raubzüge auf andere Völker unternehmen!

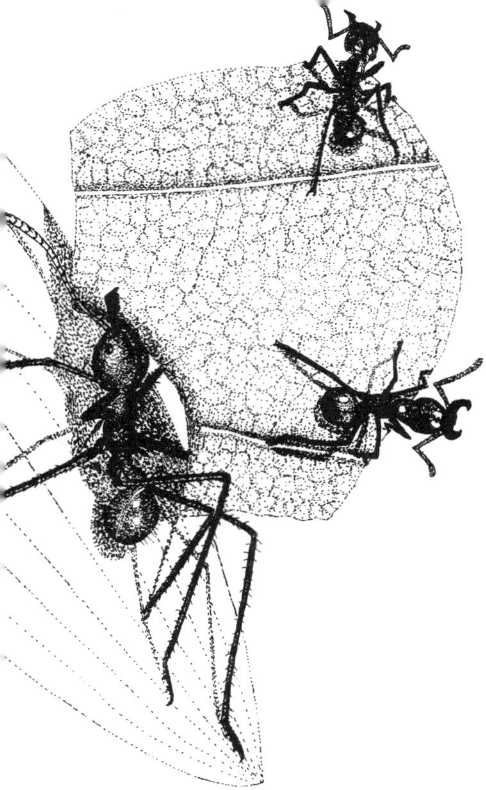

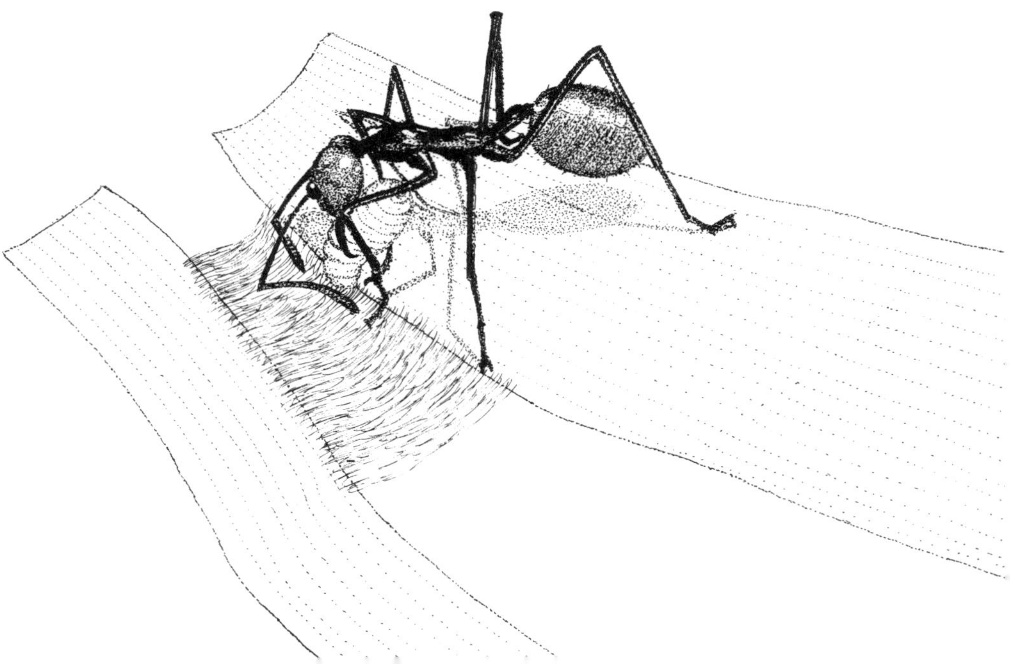

Damit das Hin- und Herrennen nur ja recht ungehindert und schnell gehen kann, werden die vom Nest in die Beute- und Sammelgebiete führenden Wege von den Ameisen gewöhnlich sogar besonders hergerichtet. Das sind die Ameisenstraßen. Man sieht es ihnen an, dass sie geglättet und von Hindernissen gesäubert sind. Selbst Pflanzen wachsen dort nicht mehr. Welch ein Kommen, welch ein Gehen an schönen warmen Sommertagen! Manche Arbeiterinnen kehren schwer beladen zurück, doch keine gönnt sich Ruhe. Wie sie sich mühen und abschleppen! Ist es einer allein zu schwer, dann helfen andere mit. Welch ein Leben, wo jede nur von dem Drange beseelt ist, die *Arbeit* zu verrichten, gleichgültig, wer sie tut! So ist es Sitte beim Ameisenvolke und nur so können die vielen Wunder vollbracht werden.

Was tun sie denn, was treiben sie da draußen in der weiten Welt, die Kribbler und Krabbler? Sie müssen für sich und ihre Brut Speise erbeuten und eintragen. Da ist ihnen kein Weg zu mühsam, kein Baum zu beschwerlich. Sie haben ja scharfe Krallen an ihren starken Beinen. Sie fressen fast alles, was ihnen in den Weg kommt: Spinnen, Käfer, Raupen, auch tote Tiere nagen sie bis auf die Knochen fein säuberlich ab. Besonders gerne mögen sie auch Süßigkeiten aller Art. Für Zucker und Schokolade dringen sie sogar in menschliche Wohnungen ein, wo man sie manchmal in Regalen und Ritzen findet.

Meist aber lecken sie den süßen Saft auf, den die Blattläuse auf den Blättern ausscheiden und der manchmal diese Blätter ganz glänzend und klebrig überzieht. Von den Lindenblättern tropft er sogar manchmal herunter. Manche Ameise liebt diesen Zuckersaft so sehr, dass sie den Blattläusen hinterherläuft, diese mit ihren Fühlern betrommelt und betrillert, sodass diese vor Schreck ein Tröpfchen süßen Saftes ausscheiden, den die Ameise schnell aufleckt.

Manchmal bauen die Ameisen sogar eine Schutzwand aus Erde um die Pflanzenstängel. Hinter dieser Wand sind die Blattläuse vor Kälte geschützt, aber vor allem vor den blattlausfressenden Käfern und Ohrenkneifern. Die Schutzwand ist also etwas wie ein Zaun um die Weide von Milchkühen. Andere tragen die Blattläuse an andere, saftigere Stellen, wie Nomaden, die ihre Ziegen und Schafe auf bessere Weidegründe führen. Im Winter tragen sie diese sogar in ihren Bau, wo es wärmer ist, um sie im Frühjahr, wenn die Sonne scheint, gleich wieder hinauszutragen.

Werden Ameisen gestört oder aufgeregt, so setzen sie sich tapfer zur Wehr. Sie spritzen aus einer Drüse des Hinterleibes jenes zwar würzig duftende, aber ätzende Gift, die Ameisensäure, aus und versetzen dem Gegner gleichzeitig Bisse mit den Kiefern. Der Hinterleib hat nämlich einen so dünnen Stiel, dass er leicht nach vorne geschlagen werden kann. Dadurch trifft das Gift die Bisswunde. Wer auf einen Hügel der Waldameise klopft, der kann sich den Strahl auch auf die flache Hand sprühen lassen und dann den kräftigen Säureduft riechen. Und wer eine besonders feine Nase hat, der vermag die Stellen im Walde, wo viele Ameisen herumwimmeln, ebenfalls schon an ihrem Duft zu erkennen. Nur dass man, wie die Ameisen selbst, die Zugehörigkeit zu einem bestimmten Ameisenvolk durch den Duft erspürt, das wäre wohl für einen Menschen zu viel verlangt!

Die Ameisen können aber noch viel besser riechen, als nur das eigene Volk von den anderen zu unterscheiden. Sie riechen auch ihre eigenen Ameisenstraßen. Sie riechen aber auch, wenn eine Ameise besonders leckere Nahrung gefunden hat, denn dann ruft oder winkt sie nicht, sondern sie bildet einen besonderen Duft, den sie als Spur von der gefundenen Nahrung bis zum Ameisenbau legt.

Wenn ein Specht den Ameisenbau aufhackt, um die Larven zu fressen, dann geben die Ameisen Alarm, nicht mit einer Sirene, sondern mit einem Alarmgeruch. Eigentlich sind es sogar mehrere Alarmgerüche, die auch miteinander kombiniert werden können, je nachdem, was gerade passiert ist. Dabei ist der Duft natürlich nur ganz schwach, eine Ameise bildet davon nur ein Millionstel oder Milliardstel Gramm. Wir Menschen riechen dann gar nichts – die Ameisen aber können sich so ganz geschickt zurechtfinden!

Für den Wald ist es von allergrößter Bedeutung, dass Ameisen in ihm leben, denn eine Ameisenkolonie kann am Tag bis zu 100 000 schädliche Raupen vertilgen. Dadurch wächst der Wald viel besser.

Vielleicht wächst der Wald sogar durch den Duft schon besser. Auch uns schmeckt ein altes, trockenes Stück Brot ja besser, wenn wir es auf einen Ameisenhaufen gelegt haben und die Ameisen es mit ihrer Säure eingesprüht haben. So bekommt es einen würzigeren Geschmack.

Die Ameisen pflanzen sogar Blumen im Garten, natürlich ohne es zu wollen. In ihre Wohnungen holen sie sich vom Ehrenpreis, vom Wachtelweizen, von den Veilchen und selbst von den Schneeglöckchen die Samen, weil süße und nahrhafte Anhängsel daran sind. Dann tragen sie, was sie nicht verspeisen können, wieder hinaus. Die Samen aber haben nicht den geringsten Schaden erlitten und keimen, wo sie gerade hinfallen. So findet man denn manchmal von den Ameisen gesäte Pflanzen an deren Straßen und kann sich gar nicht erklären, wer sie dort gesät hat.

Eines schönen Sommertages befällt das Ameisenvolk große Aufregung und Unruhe. Alles im Bau rennt durcheinander und auf der Oberfläche kommen Massen geflügelter Ameisen zum Vorschein, von denen vorher niemand wusste, dass es sie überhaupt gab, denn sie sind eben erst der Puppenhülle entschlüpft. Es sind dies die männlichen Ameisen des Staates und außerdem einige Königinnen. Beide sind nicht nur geflügelt, sondern auch größer als die Arbeiter. Bald wird sich der ganze Schwarm in die Luft erheben und wie eine Wolke um die Bäume oder gar noch höher kreisen. Das ist der Hochzeitsflug des Ameisenstaates. Da bekriegen sich die Völker nicht, sie durchdringen und vermischen sich sogar. So will es die Seele der Ameisen, denn andere Gesetze gelten an diesem Tag.

Wenn der Schwarm vom Fluge ermattet ist, dem einzigen seines Lebens, fällt er wieder zur Erde herunter. Die Männchen haben dann ihr kurzes Leben schon beendet und sterben. Große Mengen von ihnen liegen herum, und viele Vögel erscheinen, um sie zu fressen. Den Königinnen brechen nach dem Flug die Flügel ab, sie brauchen sie nie wieder. Jede von ihnen beginnt jetzt an der Stelle, wo sie gelandet ist, den Boden aufzugraben und eine kleine Kammer anzulegen. Dorthinein legt sie einige Eier. Aus den Eiern schlüpfen kleine weiße Raupen, die völlig hilflos sind und gefüttert werden müssen. Diese

Raupen wachsen dadurch immer mehr, bis sie zu reglosen starren Puppen werden, aus denen dann neue Ameisen schlüpfen. Jetzt ist die Ameisenkönigin nicht mehr alleine und alle ihre Töchter helfen ihr, neue Kammern anzulegen, die nächsten Raupen zu füttern und bei all den anderen Arbeiten. So kann aus einer kleinen Kammer schließlich ein großer Ameisenhaufen werden.

Die Königin sitzt dann in einer besonderen Kammer des Baues, inmitten der vielen Gänge, Labyrinthe und Höhlungen. Sie hat jetzt nur noch die einzige Aufgabe Eier zu legen – die anderen Ameisen sind unfruchtbar – und legt bis zu zwei Eiern in jeder Minute. Dazu ist ihr Hinterleib mächtig aufgeschwollen und sie selbst ist völlig unbeweglich geworden. Alle anderen Ameisen wissen aber, wie wichtig sie ist, und säubern, pflegen und füttern sie ständig.

Die Eier werden der Königin sogleich abgenommen und dorthin zusammengetragen, wo sie am besten gedeihen können. Sie werden zwar nicht ausgebrütet, aber der Ameisenhaufen hat doch eine Wärme in sich, die 10 bis 15 Grad über der Außenwärme ist. Dies wird durch die Sonne, aber auch durch verrottende Pflanzenteile und durch die sich ständig bewegenden Ameisen hervorgerufen. Wird es zu heiß, tragen die Ameisen viele kleine Tröpfchen Wasser in den Bau, die durch ihre Verdunstung für Kühlung sorgen. So gibt es im Ameisenhaufen etwas, was die Temperatur gleich hält, so wie im Menschen das Blut stets gleich warm gehalten wird.

Wenn schließlich die weißen, unbeweglichen Raupen ausschlüpfen, muss erst recht für sie gesorgt werden. Die Arbeiterinnen füttern sie aus ihrem eigenen Munde, wie Tauben ihre Jungen atzen, putzen und reinigen sie fleißig und tragen sie dorthin, wo es so warm und feucht ist, dass sie gut gedeihen können. Um die Brut ernähren zu können, müssen natürlich die Arbeiterinnen erst selbst unzählige Raupen und Käfer, Fliegen, Asseln und Larven vertilgen.

Eines Tages aber hört die Fresslust der Larven auf und nachdem sich jede in einen Kokon eingesponnen hat, beginnt die Puppenruhe. Jedoch die Fürsorge der Arbeiterinnen darf auch jetzt noch nicht erlahmen. Wiederum gilt es, die Puppen an den rechten Ort zu tragen, wo sie sich am besten weiterentwickeln können. Gewöhnlich werden diese Puppen Ameiseneier genannt, obwohl sie längst keine Eier mehr sind. Beim Ausschlüpfen müssen wiederum die Arbeiterinnen behilflich sein. Wir sehen also, dass sie, wenn sie auch keine Eier legen können, doch sehr viel für den Fortbestand des Volkes leisten müssen. Die Hilfe beim Ausschlüpfen ist nun der letzte Dienst.

Zur Winterszeit ruht das Leben des Ameisenstaates vollständig. Das Volk befindet sich in Erstarrungsruhe, und niemand anders als die Sonnenwärme des Frühlings wird es erwecken. Dann ist bald das alte Leben wieder im Gange, und alles rüstet sich schon zum neuen Hochzeitsfluge.

Ameisen gibt es in allen Erdteilen und in fast allen Klimagebieten. Ihr Leben und Treiben kann dort sogar oft noch viel wunderbarer sein als bei uns. Es werfen durchaus nicht alle Hügel auf. Manche leben einfach in Erdritzen oder unter Steinen, andere nützen die Höhlungen der Baumstämme aus oder bauen sich Papiernester. So groß kann die Vielfalt sein.

Aber auch sonst gibt es viel überaus Merkwürdiges. Unter einigen Arten kommen Arbeiterinnen mit besonders großen und harten Köpfen vor. Sie übernehmen die Aufgabe des Türhütens und können die Eingänge zum Bau so versperren, dass nur noch die gefährlichen Kiefer herausragen. Bei anderen Völkern gibt es besondere «Soldaten», die größer, stärker und wehrhafter als gewöhnliche Arbeiterinnen sind. Auf Beutezügen eilen sie dem Volk voraus, überfallen und zerkleinern die Beute, sodass die Arbeiterinnen sie heimtragen können.

Bei der amerikanischen Honigameise müssen sich einige Ameisen für besondere Zwecke geradezu opfern. Sie werden nämlich als lebende Honigtöpfe benützt. In besonderen Kammern hängen sie an der Decke nebeneinander und werden reichlich mit Honig und süßen Säften gefüttert. Da nur der allergeringste Teil der eingeflößten Nahrung verdaut werden kann, wird das meiste im Hinterleib aufgespeichert, der mit der Zeit zu einer erbsengroßen Blase anschwillt. In Notzeiten kann das ganze Volk davon leben. Dann müssen die

«Honigtöpfe» eben ihre Vorräte wieder von sich geben. Dass Vorräte aufgespeichert werden, mag auch bei anderen Ameisen vorkommen – dass aber lebendige Arbeiterinnen auch als Vorratsspeicher dienen müssen, ist besonders merkwürdig.

Manche räuberische Ameisen brechen in die Wohnungen fremder Völker ein, um ihnen ihre Larven zu rauben, aber nicht etwa um sie zu fressen, sondern um sie nach Hause zu schleppen und sie dort als Hilfen zu benützen, sobald sie ausgeschlüpft sind. Willig und fleißig wird von diesen Sklaven die Arbeit verrichtet, das Reinigen der Gänge, das Putzen der Brut sowie deren Pflege. Manche Ameisenarten sind so sehr auf diese Hilfe angewiesen, dass sie alleine verhungern müssten, weil sie dann nicht einmal mehr fressen könnten. Ihre Nahrung muss ihnen in den Mund gefüllt werden.

Alles was sich dem Ameisenhaufen nähert, wird sofort angegriffen, sei es eine Spinne, eine Maus oder ein menschlicher Fuß, der versehentlich in einer Ameisenstraße steht. Nur ganz wenige Insekten werden im Ameisenbau nicht nur geduldet, sondern sogar gefüttert und bei Gefahr in Sicherheit gebracht. Einige kleine Käfer gehören dazu, aber auch die Raupen einzelner Schmetterlinge, nämlich einiger Bläulinge.

Die Bläulinge legen ihre Eier auf die Blätter und Blüten von Thymian, dem würzigen Gartenkraut. Sie wählen aber dazu nur solche Pflanzen aus, die in der Nähe von Nestern der kleinen Wiesenameisen stehen. Schlüpft aus dem Ei nun eine kleine Raupe, so frisst sie zunächst die Blätter der Thymianpflanze. Erst wenn sie so groß geworden ist, dass sie sich dreimal gehäutet hat, lässt sie sich von dem Thymian fallen und läuft auf ein Ameisennest zu. Die Ameisen, die sie entdecken, fressen sie nicht auf, wie sie es bei jeder anderen Raupe täten, sondern tragen sie, weil sie genauso wie eine Ameisenraupe aus dem eigenen Volk riecht, in ihren Bau. Dort füttern sie sie, lecken aber auch von den süßen Säften, die sie an ihrem ganzen Körper ausscheidet und die sie ganz besonders gerne mögen.

Die Raupe lebt also gut geschützt und gut versorgt durch die Ameisen den ganzen Winter hindurch, bis sie sich im Frühling verpuppt. Das tut sie in weiser Voraussicht ganz nahe an einem der Nestausgänge. Auch die Puppe sondert weiterhin süße Säfte ab und wird von den Ameisen abgeleckt und sauber gehalten. Wenn dann im Juni die Puppenhülle aufreißt und der Bläuling mit noch zusammengerollten Flügeln aus ihr schlüpft, so muss er rennen, um durch einen der Ausgänge ins Freie zu gelangen. Denn damit haben die Ameisen nicht gerechnet: Einen Schmetterling in ihrem Nest würden sie sofort auffressen. Erst draußen hat der Bläuling die Ruhe, seine Flügel auszuspannen, zu trocknen und dann davonzufliegen.

Damit sind aber die Wunder des Ameisenstaates noch lange nicht erschöpft. Manche Völker treiben nämlich, wie man so sagen könnte, sogar eine Art Gartenbau. Das sind die südamerikanischen Blattschneiderameisen. Sie schneiden sich mit den Kiefern Blattteilchen ab und zerkleinern sie zu Hause zu einem schwammigen Brei. Damit legen sich diese Ameisen Beete an, die auch sogleich mit Pilzsamen besät werden. Der Pilz ist so ähnlich wie Schimmel, bringt aber kleine, nahrhafte Köpfchen hervor, die den Ameisen eine gar willkommene Speise sind.

Noch wunderbarer als alles Bisherige sind aber die Weberameisen, die in Afrika, Südostasien und Australien leben. Sie legen ihren Bau nicht in der Erde oder als Haufen an, sondern in den luftigen Wipfeln der Bäume. Dabei ziehen sie Blätter von allen Seiten her und nähen sie zusammen. Das ist leicht gesagt, aber wie soll eine kleine Ameise es schaffen, ein großes Blatt, das um ein Vielfaches schwerer ist als sie selbst, zu bewegen? Hören wir dazu Edward Wilson und Bernd Hölldobler, die beiden großen Ameisenforscher:

«Bis zu mehreren hundert Ameisen stellen sich in Reih und Glied auf. Sie halten den einen Blattrand mit den Klauen ihrer Hinterbeine und den andern mit ihren Kiefern und Vorderbeinen fest und ziehen die beiden Blätter zusammen. Wenn der Abstand zwischen den beiden Blättern größer als eine Ameisenlänge ist, so ketten sie ihre Körper aneinander und bilden so lebende Brücken. Die Anführerin ergreift mit ihren Kiefern einen Blattrand und hält ihn fest. Dann klettert die nächste Ameise an ihrem Körper hoch, packt ihre Taille und hält sich daran fest. Danach klettert eine dritte Ameise herunter und ergreift die Taille der vorherigen und so reiht sich Ameise an Ameise, bis sich Ketten von 10 oder mehr Ameisen gebildet haben, die oft frei im Wind hin- und herschwingen. Wenn eine Ameise am Ende der Kette schließlich den Rand eines entfernten Blattes erreicht, hält sie es mit ihren Beinen fest und schließt damit die Kette der lebenden Brücke. Daraufhin beginnt die ganze aneinander gekettete Truppe sich rückwärts zu bewegen um die beiden Blätter zusammenzubringen.

Manchmal lässt sich der Spalt mit einer einzigen solchen Kette schließen, aber meistens sind mehrere solcher großer Kolonnen notwendig, die dann nebeneinander arbeiten. Bald entsteht ein lebender Ameisenteppich, und es ist ein Aufsehen erregendes Schauspiel, wenn er durch Tausende bewegter Beine und Antennen förmlich vibriert.»

Nun holen einige Ameisen Larven herbei. Diese Larven sind kurz vor ihrer Verpuppung und würden sich jetzt in einen Kokon von Seidenfäden einspinnen. Die Ameisen «halten sie vorsichtig mit ihren Kieferzangen und bewegen ihre jungen Schützlinge zwischen den Blatträndern hin und her. Die Larven reagieren darauf, indem sie klebrige Seidenfäden aus einer Öffnung absondern. Tausende solcher Fäden werden nebeneinander angebracht und bilden insgesamt ein Seidentuch zwischen den Blatträndern, das mit der Zeit zu einem festen Stoff erhärtet und so die Blätter zusammenhält.»

Die eigenen Larven sind also die Weberschiffchen der Weberameisen. So entsteht hoch in den Baumwipfeln ein Nest von der Größe einer Faust bis zu der Größe eines Männerkopfes, in welchem die Weberameisen sicher und geschützt leben können.

Die Forscher, die es beobachteten, staunten natürlich sehr, und es gibt in der ganzen Tierwelt gar nichts, was dem verglichen werden könnte!

Andere Ameisen legen Gärten an, die sie in Büsche oder Bäume hängen – wirklich hängende Gärten. Dazu tragen sie altes Laub, zerkaute Pflanzenstängel und Erde hinauf und machen daraus Kugeln von Tischtennis- bis Fußballgröße. Dahinein tragen sie ausgesuchte Samen, aus denen dann Pflanzen in diesen hängenden Gärten wachsen. Diese Pflanzen bilden süßen Nektar an den Blättern, sodass die Ameisen diese Köstlichkeiten auflecken können.

So viel Weisheit ist in die Lebensgewohnheiten der winzigen Ameisen hineingelegt, von denen doch das einzelne Tier ganz gewiss nicht das Allergeringste denken und begreifen kann. Und dennoch weiß jedes so genau, was es verrichten muss.

Über den Igel

Einen Sonderling muss man ihn schon nennen, unseren Stacheligel! Wer hat ihn schon einmal ganz richtig und genau gesehen? Wird er irgendwo zusammengerollt gefunden, so bietet er sich nur als eine Stachelkugel dar, die man höchstens ganz vorsichtig hochzuheben wagt, denn wer weiß! Wie sieht er aber eigentlich aus, wenn er sich wieder ausrollt?

Nachts durchwandert und durchschnüffelt er Gärten, Felder und Gebüsche, nicht gerade flink, eher etwas täppisch trippelnd und dazu schnaufend. Wer solche Beine hat wie ein Igel, kann auch keine großen Sprünge machen und erst recht nicht auf Bäume steigen, doch versteht es Meister Igel erstaunlich gut, bei der Jagd so manchen Flüchtling einzuholen. Allerdings kommt es auch vor, dass sich der Tollpatsch an einem Hange überschlägt, weil er das Übergewicht verloren hat, und abwärts kugelt. Allein was macht es, er weiß sich zu helfen, rollt sich zusammen und langt wohlbehalten unten an. Er hat im Stachelrocke auch gleichzeitig sein Fahrzeug für steile Abhänge immer bei sich. Das macht ihm keiner nach, Wohnhaus oder wenigstens Schlafkammer, feste Burg und Rollwagen in einem Stücke. Igel, du Stachelkriecher, du bist eben ein Mordskerl!

Unten streckt er zunächst langsam wieder den Kopf heraus und ist dann, solange das Stachelröckchen noch nicht völlig zurechtgerückt ist, gar fürchterlich anzusehen, mit Falten im Gesicht und grimmig blickend. Aber bald ist alles geglättet, und die klaren, heiteren, freundlichen dunklen Äuglein blicken sorglos drein wie am ersten Tage, denn er ist doch ein gemütlicher, ehrlicher und treuherziger Bursche. Auch der richtige Weg ist bald gefunden, denn Igel haben einen guten Ortssinn.

Er läuft aber nicht schnurstracks den Weg entlang, sondern schnüffelt hier, schnobert dort, steckt seine Nase hier unter ein Blatt und dort unter einen Ast, trippelt einmal hierüber, wo es gerade nach Schneckenschleim roch, dann dort rüber, wo eine Heuschrecke zirpst. Denn er folgt lieber Geruch und Gehör als seinen kleinen Augen. Das sind seine schärfsten Sinne.

Aus dem breiten Mäulchen tropft fast immer Speichel, besonders wenn er etwas Unbekanntes wie eine Zigarettenkippe findet. Dann schnüffelt er und leckt und schmiert sich wohl selbst damit voll. Nein, ganz stubenrein ist er nicht – er stinkt sogar manchmal ganz kräftig. Aber er ist eben ein Wald- und Wiesenkerl und kein Schoßhündchen!

Etwas Besonderes unter den Tieren muss der Igel schon sein. Wie Mensch und Bär tritt auch er mit der ganzen Sohle auf, doch die Füße an den kurzen und dürren Beinen sind recht klein und plump.

Am Bauch ist er weiß behaart, nur auf dem Rücken trägt er seine bekannten Stacheln, zweifarbig, schwarz und weiß, und zwei bis drei Zentimeter lang. Mehr als tausend Stück hat er auf seinem kleinen Rücken versammelt. Nach allen Seiten zu kann er sie bewegen, auch nach vorne.

Der mit solch langen, spitzen Stacheln Gerüstete ist deswegen zwar schreckhaft, aber nicht furchtsam. Seine einzige Waffe richtet sich außerdem nur gegen diejenigen, die ihn angreifen wollen und sich damit selbst in die Haut spießen. Eine eigenartige Waffe: der Angreifer verwundet sich selbst. Lässt er es bleiben, wird ihm kein Igel etwas zu Leide tun.

Hunde und Füchse hassen den guten Igel auf den Tod, die Hunde, weil sie sich schrecklich über ihn ärgern, wie man schon an ihrem wütenden Gebell hört. Aber Igel haben mehr Geduld als Hunde. Hier heißt Warten des Igels Waffe. Wer sich erst ein paar Mal die Schnauze blutig gestochen hat, wird duldsamer. Aber Füchse sind verschlagen, sagt man ihnen doch nach, dass sie den zusammengerollten Igel in das Wasser wälzen, wo er sich augenblicklich öffnen muss, und schon ist es um ihn geschehen. Denn der Igel kann zwar

schwimmen, muss sich dazu aber aufrollen. Früher dachte man auch, dass der Fuchs den Igel einfach umdrehe, dass Bauch und Beine nach oben kommen und dann seinen Harn über ihn entleere, sodass der Igel mit seiner äußerst empfindlichen Nase sich aufrolle. Das ist aber bloß Jägerlatein!

Außer den Hunden und den Füchsen ist auch der Uhu ein gefährlicher Igelfeind, weil er nämlich so lange Krallen hat, dass er durch das Stachelkleid hindurch die Beute packen kann.

Im Winter schlafen die Igel tief und fest. Bevor sie sich hinlegen, haben sie sich noch von allen nur denkbaren guten Sachen toll und voll gefressen, damit sie ein hübsches Bäuchlein mit in ihren Winterschlaf nehmen können. Gute, köstliche Speise, das heißt für den Igel fette Schnecken, besonders Nacktschnecken, lange Regenwürmer, Grillen, Heuschrecken und Mistkäfer. Mit seinen 36 spitzen Zähnen packt er aber auch Mäuse auf geschickte Weise und zieht sie mit seiner Wühlschnauze hervor.

Auch die stechenden Wespen, Bienen oder Stechfliegen fängt er geschickt, er fürchtet ihre Stiche nicht. Dramatisch wird es aber, wenn er eine giftige Kreuzotter erwischt: Dann richtet er seine Nackenstacheln steil nach vorne. Die Schlange schlägt ihm sofort ihre Giftzähne ins Gesicht und beißt zu, trifft aber nur in die spitzen Stacheln. Immer wieder schlägt sie zu, das Gift strömt in solchen Mengen, dass selbst ein vielfach stärkerer und größerer Gegner als ein Igel rasch erliegen müsste. Doch dem Igel macht alles nichts aus, nicht seine Wunden und nicht das Schlangengift. Es zersetzt sein Blut nicht, und er scheint nicht den geringsten Schmerz zu empfinden. Er wartet einfach, bis die Schlange erschöpft ist und zerbeißt ihr dann das Genick. Dann verspeist er sie samt ihren Giftzähnen wie einen Leckerbissen.

Wirklich gefährlich sind für den Igel nur die Autos. Gegen diesen Feind helfen alle seine Stacheln nichts. Und jedes Jahr werden viele Igel totgefahren, so viele, dass sie schon selten geworden sind. Und das ist nun wirklich sehr schade!

Besonders reich ist des Igels Tisch natürlich im Herbste gedeckt, da ist die Speisekarte voller Abwechslung. Auch Süßigkeiten wie

Obst verschmäht er nicht, doch bevorzugt er tierische Nahrung. Wohl bekomm's, alter Stachelheld! Weil der Igel in Gärten und auf Feldern so viel Ungeziefer fängt, sollten wir ihn als guten Freund hegen und pflegen. Dazu gehört natürlich, dass wir die Schnecken in unserem Garten nicht vergiften, denn sonst vergiften wir auch den Igel. Und es gehört dazu, dass wir genügend alte Zweige und Laubhaufen bereitstellen.

Denn im Spätherbst, wenn der Winter droht, bereitet sich der Igel auf den Winterschlaf vor. Er richtet sich unter dichten Zweigen oder Laub oder unter dem Komposthaufen ein gut und mollig gepolstertes Nest her, eine Erdgrube, seltener auch ein tiefes Loch mit zwei Ausgängen. Was schadet es dann, wenn draußen der Schnee treibt und die kalten Stürme blasen! Der Igel schläft jetzt tief. Sein Herz schlägt viel langsamer, und er atmet nur noch ganz selten. Der ganze kleine Kerl ist nur noch ein bis zwei Grad warm und scheint fast tot zu sein.

Den ganzen Winter lebt er von dem im Herbst angefressenen Speck. Das muss aber eine gehörige Menge sein, damit sie für etwa vier Monate ausreicht. 800 bis 900 Gramm muss ein Igel mindestens wiegen, wenn er ins Winterquartier geht. Wiegt er weniger, so sollten wir ihn mit nach Hause nehmen und mit verdünnter Milch, Eiern und rohem Fleisch füttern, bis er dick genug ist. Ist es schon zu spät im Jahr, kann er auch in einer Kiste im Keller oder in der Garage überwintern.

Aber im Frühling, wenn die weißen Buschwindröschen und die gelben Waldprimeln wieder blühen und im Walde das alte Laub so verheißungsvoll nach neuem Leben riecht, da wacht eines Abends der Igel wieder auf, das warme Igelherz fängt wieder kräftig an zu schlagen und das Blut erwärmt sich wieder. Da macht sich der frisch Erwachte in der Dämmerung auf und schnüffelt und stöbert, ob alles noch seine Ordnung hat.

Später in der Nacht durchstreift er dann auf einer längeren Wanderung den Wald, seinen Garten oder den Park. Denn sein Revier erstreckt sich über mehrere hundert Meter um sein Nest herum.

Anfangs jagt er immer alleine, doch Ende April oder Anfang Mai gesellen sich Männchen und Weibchen zueinander. Dann kann man sie wohl auch zusammen spielen oder sich necken sehen. Das Igelnest, in welchem die Jungen zur Welt kommen, wird sorgfältig unter dichten Büschen, Hecken oder gar in einem Getreidefeld eingerichtet. Drei bis sechs noch blinde Junge kommen zur Welt. Sie sind winzig klein, sechs bis neun Zentimeter lang und tragen winzige weiße, weiche und biegsame Stacheln, während der Bauch noch ganz rosa ist. Die Mutter leckt sie trocken und säugt sie. Nach drei Wochen öffnen sie die Augen und bekommen neue, härtere Stacheln. Dann lernen sie auch sich zusammenzurollen.

Wenn sie vier Wochen alt sind, folgen sie der Mutter schon gelegentlich auf kleinere Ausflüge. Dabei pfeifen und zirpen sie, wenn die Mutter zu weit vorläuft. Die Jungen bleiben noch mehrere Monate bei der Mutter und verbringen oft auch den Winterschlaf gemütlich gemeinsam in der Höhle.

Ganz unverhofft, an einem Hügel
Sind sich begegnet Fuchs und Igel.
Halt, rief der Fuchs, du Bösewicht,
Kennst du des Königs Ordre nicht?

Ist nicht der Friede längst verkündet,
Und weißt du nicht, dass jeder sündigt,
Der immer noch gerüstet geht?
Im Namen seiner Majestät,

Geh her und übergib dein Fell.
Der Igel sprach: nur nicht so schnell.
Lass dir erst deine Zähne brechen,
Dann wollen wir uns weiter sprechen.

Und allsogleich macht er sich rund,
Schließt seinen dichten Stachelbund,
Und trotzt getrost der ganzen Welt,
Bewaffnet, doch als Friedensheld.

Wilhelm Busch

Fledermäuse

Fledermäuse sind vielen Menschen unheimlich, ja manche Menschen haben sogar Angst vor ihnen und halten sie für gefährliche Blutsauger oder fürchten, dass sie ihnen auf den Kopf fliegen und sich in den Haaren verfangen. Manche finden auch, dass sie einfach scheußlich und unheimlich aussehen.

In Wirklichkeit sind Fledermäuse harmlose und wehrlose Tiere, die viel eher Grund haben, sich vor uns zu fürchten als wir vor ihnen. Aber dass es wirklich sehr seltsame und merkwürdige Tiere sind, das stimmt sehr wohl, und wir wollen sie uns genauer anschauen:

Die erste große Merkwürdigkeit ist, dass sie nachts fliegen, und zwar nicht nur in hellen Mondnächten oder um Straßenlaternen herum, sondern auch im Stockdunkeln. Wie machen sie es bloß, dass sie nicht gegen einen Baum fliegen, gegen eine Hausecke oder einen Drahtzaun? Haben sie wie Eulen so gute Augen, dass sie auch im Dunkeln sehen können?

Schaut man einer Fledermaus in ihr kleines Gesicht, so sieht man darin zwei winzig kleine Augen, manchmal nicht viel größer als ein Stecknadelkopf. Damit, das versteht man gleich, können sie nicht besonders genau schauen. Stattdessen hat sie riesige Ohren. Die heimische Langohrfledermaus hat Ohren, die so lang wie der ganze kleine Körper sind: vier bis fünf Zentimeter lang. Und auf der Nase haben manche Fledermäuse Gebilde sitzen, die ebenfalls wie ein riesiges Ohr aussehen, oder wie ein Hufeisen oder ein Blatt. Die Langohrfledermaus kann die Ohren in alle Richtungen drehen; wenn sie schläft, faltet sie sie ein und legt sie um den Körper wie eine Decke.

Ob die Fledermäuse mit den Ohren «sehen», also sich mit den Ohren nachts zurechtfinden? – So ist es.

Sie können selbst das feinste Rascheln der Blätter an Bäumen und Sträuchern noch hören und das feinste Zirpen der Insekten. Aber manchmal ist es ja windstill, kein Blatt raschelt, nichts ist zu hören – was machen die Fledermäuse dann?

Habt ihr schon einmal in einer absolut dunklen Höhle gestanden, in der ihr gar nichts gesehen habt, auch nicht, wie groß sie ist? Wenn man jetzt ruft oder in die Hände klatscht, hört man sein eigenes Echo. Und am Echo kann man erkennen, ob die Höhle sehr groß oder nur ganz klein ist.

So machen es auch die Fledermäuse: Sie rufen und schreien in die dunkle Nacht hinein, und am Echo erkennen sie Bäume, Häuser und Zäune. Ihr habt noch nie eine Fledermaus schreien hören? Nun, sie schreien so schrill und so hoch, dass unsere Ohren es meist gar nicht hören können. Und doch sind diese Ultraschallschreie enorm laut. Manche Fledermäuse schreien so laut, wie ein Presslufthammer laut ist – und das nicht nur einmal, sondern immer, wenn sie fliegen! Wie gut, dass unsere Ohren diese entsetzlichen Schreie nicht hören! Wir könnten nachts nicht mehr schlafen, wenn Fledermäuse ums Haus fliegen!

Dafür also haben sie ihre riesigen und empfindlichen Ohren. Und die merkwürdigen Gebilde auf der Nase sind wie eine Art Schalltrichter, mit denen sie ihre Stimme verstärken.

Das ist ein merkwürdiges und gar kein einfaches Leben, wenn man die ganze Nacht schreien muss, um nicht gegen irgendetwas zu fliegen und sich zu verletzen!

Auch *wie* die Fledermäuse fliegen, macht es ihnen nicht einfach. Sie haben ja keine Federn wie die Vögel, sondern nur ganz dünne und sehr elastische Häute zwischen den Fingern und manchmal auch zwischen den Füßen. Dadurch können sie nicht einfach die Flügel ausbreiten und bequem durch die Luft gleiten, wie es die Tauben machen: drei Flügelschläge und dann mit ausgestreckten Flügeln weitergleiten; oder wie es die Störche machen, die viele Kilometer mit ausgestreckten Flügeln ohne einen einzigen Flügelschlag fliegen. Nein, das kann die Fledermaus leider nicht. Sie muss immer mit aller Kraft und Anstrengung mit ihren Flügeln schlagen, sonst stürzt sie ab. Und so hat sie immer ein bisschen Angst, gegen etwas zu fliegen, und schreit deshalb, und hat immer etwas Angst abzustürzen, wenn sie auch nur eine kleine Pause machen würde. Und so fliegt die Fledermaus in dem unruhigen zickzackartigen Flug, den ihr vielleicht schon beobachtet habt – wirklich keine einfache Art sich zu bewegen!

Noch dazu fangen die Fledermäuse während des Fluges ihre Nahrung: Nachtfalter, Schnaken, Mücken, Käfer und Spinnen. Die Käfer und Spinnen sammeln sie oft von Zweigen oder vom Boden auf. Die Nachtschmetterlinge aber müssen sie im Fluge fangen.

Auch dazu helfen ihnen ihre Echolot-Ultraschallstimmen und ihre feinen Ohren. Denn damit hören sie ganz genau, wo und wie schnell und in welche Richtung ein Nachtfalter fliegt, und können ihm hinterherfliegen und ihn mit ihren spitzen Zähnen fangen. Manche Nachtfalter aber stoßen vor Schreck so spitze und hohe – und für uns ebenfalls unhörbare – Schreie aus, dass die Fledermäuse kurz ratlos sind – und der Nachtfalter schnell entwischt!

Wie genau die Fledermäuse fliegen und etwas erkennen, kann man einmal an einem Sommerabend in der Dämmerung ausprobieren: Werft einmal ein kleines, mückengroßes Steinchen in die Luft, wo Fledermäuse fliegen. Sofort wird eine Fledermaus eine scharfe Kurve fliegen und auf das fliegende Steinchen zusteuern. Wird sie es mit ihren Zähnen fangen? Nein, einen Meter davor hört sie mit ihrem Ultraschall, dass es kein Flügel schlagendes Insekt ist, und dreht enttäuscht ab! So leicht lässt sie sich nicht irreführen!

Die ganze Nacht hindurch fliegen die Fledermäuse und haben wegen des anstrengenden und kräftezehrenden Fluges sehr viel Hunger. Bis zu einem Viertel ihres eigenen Körpergewichtes fressen sie jede Nacht. Das wären bei einem 40 Kilogramm schweren Menschen zehn Kilogramm am Tag, also zehn Laibe Brot – eine unvorstellbare Menge!

Was aber machen die Fledermäuse im Winter, wenn es keine Nachtfalter, Käfer und Mücken gibt? Schon im Herbst ziehen sie fort und sammeln sich in großen, ungestörten Höhlen der Gebirge. Oft müssen sie dazu über 100 Kilometer weit fliegen. In der Höhle

steuern sie die Höhlendecke an, greifen mit den Füßen voraus, klammern sich fest, schwingen mit dem Kopf nach unten und hängen nun kopfüber an der Decke. Die Flügel schlagen sie wie einen wärmenden Mantel um den Körper herum.

Dann werden sie träge und schlafen ein, und ihr sonst warmer Körper kühlt aus, bis er sehr kalt, fast schon gefroren ist. Ihr Herz schlägt ganz langsam, und sie atmen nur noch selten einzelne Atemzüge. Sie sehen aus wie tot.

So hängen sie den ganzen Winter hindurch. Manchmal wachen sie mitten im Winter auf, schlafen dann aber gleich wieder ein. Erst im Frühling erwachen sie wirklich und beginnen zu zittern. Dadurch werden sie innerhalb einer Stunde wieder warm. Dann lösen sie den Klammergriff ihrer Füße (auch im Schlaf mussten sie sich festhalten, brauchten aber keine Anstrengung dafür), lassen sich fallen und fliegen los.

Manche Fledermäuse überwintern statt in Höhlen in Dachstühlen von Kirchen und Wohnhäusern. Leider finden sie heutzutage oft keinen Eingang mehr, weil das Dach so gut abgedichtet ist. Man sollte ihnen einen kleinen Eingang offen lassen! Denn leider gibt es Jahr für Jahr immer weniger Fledermäuse. Manchen fehlen die Dachstühle zum Überwintern, andere sterben, weil dort Gifte ausgesprüht wurden. Vielen fehlt es an Insektennahrung, weil diese vergiftet wurde. Und manchen fehlt es an Stellen, an denen sie tagsüber ungestört schlafen können.

Wir können ihnen helfen, indem wir Kästen an die Hauswand oder in den Garten hängen, in die sie tagsüber klettern können.

Denn, so merkwürdig diese Tiere auch sind, so ganz anders, ja geradezu «auf den Kopf gestellt» – wir wollen doch, dass sie nicht aussterben, sondern dass Fledermäuse weiterhin bei uns leben können!

Jetzt wollt ihr aber sicher noch wissen, wie es mit dem Blutsaugen ist. Tatsächlich gibt es in den Tropen Südamerikas Vampire. Das sind kleine Fledermäuse, die auf den Weiden Kühe oder Schweine suchen, neben diesen landen und dann auf allen vieren, nämlich auf die Beine und auf die Daumen der Flügel gestützt, sich vorsichtig staksend an das schlafende Tier anschleichen. Wenn sie eine Stelle gefunden haben, belecken sie diese und beißen dann mit ihren scharfen Schneidezähnen ein kleines Stück aus der Haut heraus, was das Tier meist gar nicht bemerkt. Jetzt springt der Vampir ein Stück zurück, spuckt das Hautstück aus und kehrt an die Wunde zurück. Dann leckt er mit der Zunge das Blut auf, das wegen des Speichels nicht gerinnt und immer weiter fließt. So saugt der Vampir etwa zehn Minuten lang, dann sucht er das nächste Tier. Jede Nacht saugt er mehr Blut, als seinem eigenen Körpergewicht entspricht.

Wenn man in Südamerika zeltet, klettern die nur wenige Zentimeter großen Vampire oft an der Zeltwand entlang und suchen eine Stelle zum Blutsaugen. Da ist es gut, wenn das Zelt dicht geschlossen ist! Denn Vampire sind zwar keine lebensbedrohlichen Monster, aber unheimlich ist es doch, Blut abgezapft zu bekommen!

Vom Buntspecht

Es gibt unter den Vögeln die verschiedensten Charaktere: Die majestätischen, elegant tanzenden Kraniche haben wir schon kennen gelernt oder die so zart perlend singenden Rotkehlchen, die dann doch so mutig und keck sind. Es gibt aber auch unter den Vögeln so richtige Schaffer, Berserker und Choleriker, die mit dem Kopf durch die Wand wollen und alles daransetzen, dies auch zu tun. Die Spechte sind solche, und allen voran der Buntspecht!

Kein Holz scheint vor ihm sicher zu sein, kein Stamm, kein Ast, den er nicht mit seinem Schnabel anhacken könnte! Gut ist er dafür gerüstet: Sein Schnabel ist nicht nur lang, keilförmig und äußerst hart, sondern ist in der Rückenlinie noch einmal scharfkantig in sich geknickt und damit noch einmal versteift. Vorne ist er zugespitzt und wie ein Meißel geschärft. Ja, und der Hammer, um auf den Meißel zu schlagen – das ist sein Kopf! Mit aller Kraft schlagen Hammer und Meißel, Kopf und Schnabel in das Holz, dass die Späne nur so fliegen! Was für ein Kerl, dieser Buntspecht, dass er keine Kopfschmerzen und keine Gehirnerschütterung bekommt!

Fast immer, wenn man ihn hört oder sieht, klopft er auf einem Stamm oder Ast herum – was er dort wohl macht?

Im Frühjahr will er tatsächlich mit dem Kopf durch die Wand, oder besser gesagt in das Holz hinein. Dann schlägt er mit seinem Meißelschnabel eine neue Höhle. Mit aller Kraft spannt er seine Nackenmuskeln und schlägt mit Wucht in den Stamm hinein, dass sich unten die ein bis zwei Zentimeter langen Späne sammeln. Oft wählt der Buntspecht einen abgestorbenen Baum, dessen Holz schon etwas morscher geworden ist, oder, wenn es das nicht gibt, einen, der etwas weicheres Holz hat, etwa eine Zitterpappel oder eine Weide. Wenn es sein muss, darf es aber auch das allerhärteste Eichenholz sein!

Zwei bis vier, manchmal auch sechs Wochen arbeitet das Männchen an der Bruthöhle, bis sie groß genug ist: 40 bis 50 Zentimeter tief, 15 Zentimeter weit und mit 5 Zentimeter großem Flugloch – nicht zu groß, damit der Marder nicht hindurchpasst, aber natürlich auch nicht zu klein! Innen wird sie sorgfältig geglättet und mit Spänen gepolstert.

Vielleicht kann die schöne Höhle im nächsten Jahr wieder benutzt werden, dann wird sie vorher ordentlich gesäubert, vielleicht muss aber wieder eine neue gemeißelt werden. Dann frisch ans Werk!

Damit ist aber nicht etwa genug: Außer der Bruthöhle baut der Buntspecht noch weitere Höhlen, in denen er die Nacht verbringt. Sie sind nicht so sorgfältig geglättet, kleiner und können in vier bis fünf Tagen fertig ausgemeißelt sein.

Nur eine Schlafhöhle ist dem Buntspecht nicht genug: Kaum ist die eine fertig, beginnt er eine neue. Manchmal arbeitet er auch an mehreren Höhlen gleichzeitig. Hämmern und Klopfen scheinen ihm wirklich Spaß zu machen!

Aber auch wenn er keine Höhle baut, tockt und hämmert er besonders auf alten, morschen Ästen herum. Bis 10 Zentimeter tiefe Löcher schlägt er hinein. Was er dort wohl sucht? Unter der Rinde und tief drinnen in dem morschen Holz leben die fetten Larven der Bockkäfer, Borkenkäfer und Holzbohrer, aber auch die Holz fressenden Rüsselkäfer, Laufkäfer und Ameisen. Der Buntspecht klopft so lange, bis er sie herausgemeißelt hat. Wie er sie wohl entdeckt hat? Hat er sie durch das Holz gerochen, oder hat er ihre Gangspuren entdeckt?

Kaum hat er dann das Holz geöffnet, schnellt seine lange, dünne Zunge hervor. Bis zu vier Zentimeter kann er sie blitzschnell herausstrecken. Sie ist hornartig hart und doch äußerst elastisch und biegsam, sodass sie durch alle Gänge und Ritzen, auch solche, die um die Ecke biegen, gelangen kann. Und weil sie vorne spitz und mit Widerhaken und Borsten versehen ist, spießt er Käfer und Larven damit einfach auf und zieht sie aus ihren Schlupfwinkeln in seinen Schnabel. Ruck, zuck geht das!

Für die kleineren Ameisen und ihre Puppen bespeichelt er seine Zunge jedes Mal mit seinem klebrigen Speichel, sodass diese daran haften bleiben und er sie herausziehen kann. Solch eine klebrige, elastische und mit Widerhaken und Borsten versehene Spechtzunge ist schon ein tolles Werkzeug!

Der Buntspecht hält den Wald gesund, indem er die Holz fressenden Insekten, die ja manchmal auch gesundes Holz schädigen, kurz hält.

Allerdings benutzt der Buntspecht seine Werkzeuge manchmal auch zum Einbruch: Entdeckt er bei seinen Streifzügen in einer Baumhöhle irgendwo ein Meisennest, so hämmert er die Höhle auf und verschluckt die kleinen Vögel ohne viel Federlesen. Auch hölzerne Nistkästen in Wald oder Garten kann er so aufbrechen – oder die Lehmnester der Mehlschwalben! Glücklicherweise kommt solch scheußliche Räuberei nicht allzu oft vor!

Seine Hauptnahrung, vor allem während des Winters, ist nämlich rein pflanzlich. Seine Lieblingsspeise sind Tannen-, Fichten- und Kiefernzapfen – natürlich nicht die harten und holzigen Schuppen der Zapfen, sondern die weichen ölhaltigen Samen zwischen ihnen. Wie aber bekommt er die Samen heraus? Mit dem Schnabel und der Zunge natürlich. Doch wie soll er den großen, am Zweig schwankenden Zapfen festhalten, um ihn zu bearbeiten? Mit dem Fuß? Das geht nicht.

Stattdessen zwickt er den ganzen Zapfen mit dem Schnabel von seinem Zweig ab und fliegt mit der großen Beute zu einem aufgesplitterten Stamm in der Nähe. Dort klemmt er den Zapfen zwischen zwei Holzsplitter oder in eine Astgabel oder Rindenspalte. Passt er nicht ganz hinein, so macht er den Stamm kurzerhand passend, indem er ihn etwas aufhackt. Dann wird der jetzt festklemmende Zapfen wie in einer Schmiede mit wütenden Schlägen bearbeitet, dass die Schuppen wegfliegen und die Samen herausgeholt werden können.

Drei bis dreißig Minuten braucht der Buntspecht, um einen großen Zapfen ganz zu leeren, aber oft ist er zu ungeduldig dafür, fliegt vorher wieder weg und lässt den halb geleerten Zapfen in seiner

Schmiede stecken. Kommt er kurz darauf mit einem neuen Zapfen zurück, so muss er den alten erst entfernen und klemmt den neuen so lange zwischen Bauch und Baumstamm. Er könnte ja auch vorher schon den alten Zapfen entfernt haben. Aber das tut er nie, dazu ist er wohl zu ungeduldig und unruhig.

Unter manchen Schmieden findet man mehrere tausend aufgehackte Zapfen, und dabei benutzt der Buntspecht oft mehrere Dutzend Schmieden gleichzeitig. Manche sind besonders für kleine Früchte geeignet: für Nüsse, Kirschkerne oder die harten Früchte der Weißbuchen. Auch diese zu öffnen versteht er meisterlich!

Manchmal klopft der Buntspecht in einen Stamm nur eine Wunde, die sich daraufhin mit Wundsaft füllt. Den süßen Saft kann er dann mit seinem Unterschnabel auslöffeln. Oft wird der ganze Stamm mit solchen Wunden versehen. Wenn der Specht im nächsten Jahr dieselben Wunden wieder aufpickt, um Saft zu trinken, dann entsteht an dem Baumstamm eine Schwellung wie ein riesiger Mückenstich, der aber nicht wieder verschwindet. Viele Schwellungen nebeneinander ergeben ganze Ringel um den Stamm, die dem Baum ein ganz merkwürdiges Aussehen geben.

So durchstreift der Buntspecht sein ausgedehntes Revier, den Wald oder auch einen Park oder große Gärten. Meist fliegt er aber keine langen Strecken. Doch am Flug kann man ihn schon auf weite Entfernungen erkennen: Mit einigen kräftigen Flügelschlägen wirft er sich hoch, dann legt er die Flügel an, sinkt in einem Bogen wieder herab, wirft sich wieder hoch – und so fort, in einem Flug mit großen, schwungvollen Bögen!

Meist aber bewegt er sich zu Fuß den Baum hinauf, er hält sich mit seinen Wendezehen an der Rinde, stützt sich mit seinen sehr kräftigen und elastischen Schwanzfedern unten ab und hüpft so mit kräftigen Sprüngen stammaufwärts. Meist beginnt er unten an einem Baumstamm, und wenn er oben angekommen ist, fliegt er zum nächsten, denn kopfunter klettern kann er nicht. Das kann als Einziger der kleine wendige Kleiber!

Was für eine Stimme mag der Meister Buntspecht wohl haben: ein sanftes, leises Flöten oder ein liebliches Zwitschern? Das würde nicht zu dem alten Berserker passen! Nein, seine Stimme ist laut, klar und eindeutig: «kix» ist sein üblicher Ruf oder «kreck». Wenn er aufgeregt ist, schimpft er laut «gi-gi-gi-gi-gi!».

Aber meist benutzt er nicht einmal seine Stimme, um sich anzukündigen, sondern er trommelt! Auf jeden Ast kann er mit seinem Schnabel klopfen, um anzuzeigen, wo er ist. Aber er findet auch besonders schön und volltönende Trommeläste, die er mit raschen Schnabelhieben in schnelle Schwingung versetzt, dass der girrende Klang entsteht, der oft einen Kilometer weit zu hören ist. Manchmal nutzt er auch Holzmasten, metallene Fahnenstangen oder Antennen, auf denen sein Trommeln besonders laut klingt und besonders weit trägt!

Man kann sich gar nicht vorstellen, wie ein solch ungeduldiger und unruhiger Kerl wie der Buntspecht genügend Ruhe und Ausdauer aufbringen kann, um Eier auszubrüten und Junge groß zu ziehen. Entsprechend schnell geht es auch: Nach nur zehn Tagen schlüpfen bereits die fünf bis sieben jungen Buntspechte. Sie sind fast nackt, nur mit harten Federkielen gespickt und grundhässlich. Aber gleich zirpen sie unentwegt, meist alle zusammen, mindestens aber einer. So kann man im Frühling eine Spechthöhle sehr leicht finden.

Sind sie einmal aus ihrer Höhle geschlüpft, so sind sie ungeheuer neugierig und aktiv, hüpfen von einem Ast zum anderen, klopfen überall mit ihren Schnäbeln herum und ertasten und belecken mit ihrer Zunge Baumritzen und Spalten. Schon nach acht Tagen haben sie keine Geduld mehr, sich von den Eltern füttern zu lassen, machen sich selbstständig und leben fortan als cholerische Einsiedler in ihrem Wald!

Ach ja, wie sieht er eigentlich aus, der Buntspecht? Ist er zartrosa gefärbt wie ein Dompfaff oder elegant hellgrau wie die Kraniche? Würde das zu ihm passen? Nein, klar und deutlich, schwarz und weiß gemustert ist er. Und an den Unterschwanzdecken, wo er sich kraftvoll abstützt und am Hinterkopf, wo sich die Kraft zum Hämmern ballt, da ist er knallrot!

Nachwort des Herausgebers

Moschus, Buntspecht und Delphine ist ein Buch, das speziell Leser ab 10 Jahren mit sehr verschiedenen Tieren, ihren Lebensweisen und Lebensräumen bekannt machen möchte. Darüber hinaus kann auch der interessierte Erwachsene aus diesen lebendig geschriebenen Tierporträts manches Erstaunliche erfahren. Es ist ein Buch für Menschen, die eine Beziehung zu Tieren haben oder entwickeln möchten.

Weder die Auswahl noch die Anordnung der besprochenen Tiere unterliegen irgendeinem System; ein Lehrbuch zu schaffen war nicht beabsichtigt. Die anschaulichen Tierberichte ermöglichen – ergänzend zum Tierkundeunterricht oder auch unabhängig von der Schule zu Hause – eine intensive Begegnung mit der Tierwelt.

Da Kinder sich gerne mit Tieren beschäftigen, eignet sich diese Sammlung besonders auch als Lesebuch. Das Interesse an den Tieren, der eigene Wunsch, mehr über sie zu erfahren, wecken und fördern die Freude am Lesen. Damit ist die beste Grundlage geschaffen, um den vielen Kindern, die heute Mühe mit dem Lesen haben, über Schwierigkeiten hinwegzuhelfen. Lesefertigkeit und Leseverständnis können so gefördert werden.

Das Buch hat einen Vorläufer, das *Lesebuch der Tierkunde* von Gerbert Grohmann, das sich seit 1957 in zwölf Auflagen bewährt hat und weite Verbreitung fand. Eine Neukonzeption, die aus zweierlei Gründen nötig wurde, besorgte der Hamburger Biologe Johannes Brakel. Bei fast allen Tieren haben in den letzten fünfzig Jahren wissenschaftliche Untersuchungen zu neuen Erkenntnissen geführt. Besonders deutlich zeigt sich das im Bereich der Fledermausforschung. Ein zweiter Grund ist die sprachliche Veränderung. Begriffe verschwinden, neue Wörter entstehen, andere Ausdrucksweisen werden üblich. Diesen Tatsachen wurde Rechnung getragen. Schließlich erhält das Buch eine Bereicherung durch die intensive Auseinandersetzung des Autors mit den beschriebenen Tieren selbst. Die Erlebnisgrundlage gibt den Darstellungen ihre Spannung. Alle Zeichnungen sind von Johannes Brakel selbst angefertigt, was zu einer Authentizität der Tierbilder beiträgt.

Der Herausgeber möchte mit diesem Buch einen Beitrag leisten zu einem besseren Verständnis der Tiere aus einer sachlichen Kenntnis heraus (Tierschutz), eine Brücke bilden zu ökologischen Fragen ohne moralisierenden Unterton und bei Jugendlichen die Aufmerksamkeit in Richtung wissenschaftlicher biologischer Forschung richten.

Dieses Anliegen mit dem entsprechenden Aufwand und einer angemessenen Ausstattung zu veröffentlichen, ist uns durch die Unterstützung der Mahle-Stiftung ermöglicht worden. Dafür möchten wir uns an dieser Stelle herzlich bedanken.

Für die Pädagogische Forschungsstelle beim Bund der Freien Waldorfschulen — *Hansjörg Hofrichter*

Jakob Streit

Das Bienenbuch

Mit Illustrationen von Jesús Gabán
97 Seiten, gebunden

In kurzen, abgerundeten Kapiteln wird berichtet, wie Konrad durch seinen Großvater, einen erfahrenen Imker, in das wunderbare Leben und Treiben des Bienenvolkes eingeführt wird.

«Mein Vater hat mich als Knabe in die Bienenpflege eingeführt. Ich war sein Handlanger. Als ich etwa zehn Jahre war, schenkte er mir ein Bienenvolk, das ich allein zu pflegen hatte.» *Jakob Streit*

Hilary Ruben

Kimathi und der Berg

Aus dem Englischen von Barbara Brumm
Mit Illustrationen von Jesús Gabán
109 Seiten, gebunden mit Schutzumschlag

«In dieser schönen und spannenden Geschichte wird ein Lebensalter-Mythos erzählt. Das Durchwandern der Wälder, der Wolkenwelten, des Tals des Unbekannten und schließlich das Erklimmen des Gipfels – jeder Abschnitt bedeutet ein eigenes Alter. Auf jeder Stufe hält Kimathi inne und sammelt unterschiedliche Erfahrungen.»

Fremde Welten

Verlag Freies Geistesleben

Heluiz Washburne

Im Land des Nordlichts

Aus dem Englischen von Hans Zehrer
Mit Illustrationen von Kurt Wiese
207 Seiten, kartoniert

Ein Jahr lang leben, bangen, spielen mit den Kindern aus dem hohen Norden: Salumo, Ittuk, Supeali und Angmak – und dabei vieles lernen aus dem Leben der Inuit.

«Eine interessante, einfühlsam geschriebene Geschichte, die durch einige unterhaltsame Spiele der Eskimokinder ergänzt wird.»
Basler Jugendschriften-Kommission

Verlag Freies Geistesleben